ISAAC LAQUEDEM

PAR

ALEXANDRE DUMAS

III

PARIS
A LA LIBRAIRIE THÉATRALE,
BOULEVARD SAINT-MARTIN, 12.

1853

ISAAC LAQUEDEM.

PARIS. — IMPRIMERIE DE Mme Ve DONDEY-DUPRÉ,
rue Saint-Louis, 46, au Marais.

ISAAC
LAQUEDEM

PAR

ALEXANDRE DUMAS

III

PARIS
A LA LIBRAIRIE THÉATRALE,
BOULEVARD SAINT-MARTIN, 12.

1853

ISAAC LAQUEDEM

CHAPITRE VII.

MATER AMARITUDINIS PLENA.

Le cortége de Jésus se composait de ses disciples, dont nous avons déjà parlé, et des femmes que l'Écriture appelle les *saintes femmes*, et dont nous allons dire quelques mots.

Les saintes femmes, c'était d'abord la vierge Marie, laquelle, depuis les noces de Cana, n'avait plus quitté son fils, qui l'avait retenue près de lui,—comme si, sachant le peu de temps qu'il avait encore à rester dans ce monde, Jésus n'eût pas voulu laisser perdre pour l'amour filial une parcelle de ce temps; —c'était Marie Madeleine, la belle courtisane que le Christ, dans sa tendre miséricorde, avait rapprochée de sa mère, afin d'épurer la pécheresse au contact de celle qui n'avait jamais failli; c'était Jeanne, femme de Chusa, intendant de la maison d'Hérode; c'était Marie, nièce de la Vierge et fille de Cléophas ; c'était Marthe, sœur de Madeleine et de Lazare; c'était Marie, mère de Marc, et quelques autres encore dont les noms ne sont point venus jusqu'à nous.

Peut-être ce groupe de femmes, semble-t-il étrange, apparaissant à la suite de

Jésus ; mais, outre que c'était, chez les Juifs, une habitude que les femmes, et surtout les veuves, suivissent leurs docteurs, la parole du Christ avait un accent si doux, si persuasif, si tendre ; sa morale, toute de piété, d'amour et de miséricorde, allait si bien au cœur des femmes, qu'il n'y avait rien d'étonnant à ce que les femmes suivissent celui qui avait ressuscité la fille de Jaïre, pardonné à Madeleine, et sauvé la vie à la femme adultère. D'un autre côté, il y avait dans Jésus quelque chose de mélancolique, de suave, presque de féminin, qui donnait à sa vue et à sa parole un charme irrésistible ; — charme qui, nous l'avons déjà dit, s'exerçait particulièrement sur les femmes, mais en imposant au sentiment qu'il éveillait une expression de chasteté toute divine.

Seule, l'adoration de Madeleine pour le Christ avait conservé une teinte de l'amour terrestre. Madeleine, en effet, aimait son divin rédempteur avec l'emportement de sa nature; tous ses amours s'étaient concentrés en un seul, et cet amour était immense, incommensurable, infini.

Souvent Jésus l'en reprenait d'un sourire, d'un mot, d'un regard, et, alors, la pauvre pécheresse se précipitait aux pieds du Christ, et, le front dans la poussière, versait des larmes qu'elle croyait être des larmes de repentir, et qui n'étaient encore que des larmes d'amour.

Et, après sa douce mère, c'était Madeleine que Jésus aimait le mieux parmi les saintes femmes, comme c'était Jean qu'il aimait le mieux parmi ses disciples.

Ce fut ainsi entouré qu'il rentra dans Jérusalem, et, grâce au tumulte de ce grand jour, on ne fit pas plus attention à lui qu'on n'avait fait attention à Pierre et à Jean.

Arrivé à l'angle occidental de la forteresse, le cortége de Jésus se sépara en deux groupes: l'un, composé des saintes femmes, conduites par la vierge Marie, alla se perdre au fond d'une petite maison noyée dans l'ombre de la colline de Sion, et dont le jardin était appuyé au rempart, tandis que l'autre, composé de Jésus et de ses disciples, entrait dans **la maison d'Heli, retenue pour la cène** par Pierre et Jean.

Dans le vestibule de la maison, Pierre et Jean attendaient.

Près d'eux attendaient aussi ceux qui devaient faire la pâque dans les deux autres chambres, c'est-à-dire au rez-de-chaussée et au second étage : c'étaient tous des disciples de Jésus. Les uns allaient manger la pâque avec le fils du grand prêtre Siméon, et les autres avec Éliacim fils de Cléophas.

En attendant Jésus, ils chantaient le CXVIII^e psaume de David :

« Heureux ceux qui se conservent sans tache dans ta voie ; heureux ceux qui marchent dans ta loi, ô Seigneur !... »

Lorsque le psaume fut fini, Pierre apporta devant Jésus l'agneau pascal, attaché contre une planche par le milieu du corps. C'était un petit agneau blanc, sans une seule tache, ayant un mois à peu près, et portant sur la tête une couronne d'or.

Jésus devait immoler l'agneau.

On lui présenta le couteau du sacrifice, et, tandis que Jean renversait la tête de l'animal pour mettre à découvert l'artère du cou :

— Ainsi, murmura Jésus regardant l'agneau, ainsi je serai attaché à la colonne, car je suis, comme on l'a dit Jean Baptiste, le véritable agneau de Dieu !

Et le petit agneau béla tristement.

Jésus soupira; il paraissait éprouver une grande répugnance à blesser le pauvre animal; il le fit cependant, mais rapidement et avec beaucoup de regret; puis aussitôt il détourna les yeux.

On recueillit le sang dans un bassin

d'argent, et l'on présenta à Jésus une branche d'hysope qu'il trempa dans le sang.

Ensuite, il alla à la porte de la salle, teignit de sang les deux poteaux et la serrure, et fixa au-dessus de la porte la branche d'hysope, en prononçant ces paroles :

— En vérité, je vous le dis, frères, le sacrifice de Moïse et la figure de l'agneau pascal vont trouver leur accomplissement ; et non-seulement les enfants d'Israël, mais encore ceux de toutes les nations vont, cette fois, réellement sortir de la maison de servitude.

Puis, regardant autour de lui, et sondant des yeux les profondeurs de la salle:

— **Êtes-vous tous réunis? demanda** Jésus.

— Oui, tous, répondit Pierre.

— A l'exception de Judas, dit Jean.

— Qui sait où il est? demanda Jésus

Les disciples et les apôtres s'interrogèrent entre eux.

— Nul de nous ne le sait, dit Jean. Il nous a quittés un peu avant que Pierre et moi partissions pour Jérusalem. Nous avons cru, ne le voyant pas, que vous l'aviez chargé de quelque commission.

— Non, répondit tristement Jésus, et c'est, à cette heure, à un autre que moi qu'il obéit... Mais je le remercie de me laisser un instant pour aller dire adieu à ma mère. Achevez donc les préparatifs de la cène; lorsque Judas arrivera, je rentrerai derrière lui.

Jésus sortit, et se dirigea seul vers la petite maison que nous avons indiquée, et où les saintes femmes devaient souper ensemble.

Dans le vestibule, Jésus rencontra Madeleine.

— Que fais-tu là, mon enfant? lui demanda-t-il.

— Je vous avais senti venir, ô Seigneur! dit Madeleine, et je m'avançais au-devant de vous.

Jésus lui donna sa main à baiser.

Elle saisit cette main divine, et y appliqua ses lèvres avec passion.

— Madeleine! murmura Jésus.

— Mon Seigneur? dit la pécheresse rougissante.

— Où est ma mère?

— Elle nous a quittées un instant : elle est au jardin.

— C'est bien, dit Jésus; j'y vais.

— Laissez-moi vous montrer le chemin, maître, dit Madeleine s'élançant en avant.

— Je connais tous les chemins, dit Jésus.

Madeleine s'arrêta humble et triste.

Jésus la regarda avec une profonde compassion ; puis, d'une voix douce comme le soupir d'une fleur :

— Montre-moi le chemin, dit-il.

Madeleine poussa un cri de joie, et marcha devant.

Jésus traversa la salle où la table avait été dressée par les soins de Marthe. Les saintes femmes étaient assises, et causaient.

Elles se levèrent en voyant Jésus.

Comme l'avait dit Madeleine, la Vierge n'était point avec elles.

Jésus passa, et, précédé de Madeleine, entra dans le jardin.

Alors, on put voir ces plantes qui se courbent dans les ténèbres comme font les oiseaux, qui, pour dormir, mettent la tête sous leur aile, se relever, croyant sans doute que l'aurore venait ; alors on put voir les fleurs qui se ferment la nuit comme des yeux humains, s'ouvrir, et répandre les parfums qu'elles croyaient enfermés dans leur calice jusqu'à l'aube du jour.

Jésus vit sa sainte mère qui priait, agenouillée sous un térébinthe.

Il arrêta Madeleine de la main, et marcha vers Marie d'un pas si léger, **qu'elle ne l'entendit pas venir.**

Jésus contempla un instant la Vierge

avec une profonde tristesse ; puis, de sa plus douce voix :

— Ma mère ! dit-il.

Marie tressaillit jusqu'au fond de ses entrailles, comme au jour où elle avait entendu la voix de l'ange.

— Oh ! mon fils ! s'écria-t-elle.

Et elle tendit ses deux bras vers Jésus.

Jésus la releva et la conduisit à un banc sur lequel la Vierge s'assit ou plutôt se laissa tomber, sans quitter des yeux son divin fils.

En ce moment, animée d'une crainte vague, resplendissante d'amour maternel, la physionomie de la Vierge avait quelque chose de vraiment céleste.

Dieu avait permis, d'ailleurs, qu'en signe de sa pureté, elle restât jeune et belle. A peine paraissait-elle de l'âge de son fils, et aucune femme de Jérusalem, de la Judée, du monde, ne pouvait lui être comparée pour la beauté.

— Oh! mon fils, dit-elle, tu as donc pensé à moi!

— J'ai vu ce qui se passe dans votre cœur, ma mère, dit Jésus, et me voici.

— Si tu as vu ce qui se passe dans mon cœur, tu as vu mes craintes.

— Oui, ma mère.

— Tu sais ce que je demandais à Dieu?

— Qu'il m'inspirât l'idée de quitter Jérusalem.

— Oh! oui, mon fils bien-aimé, quitte Jérusalem!... Retournons à Nazareth! fuyons en Égypte, s'il le faut!

— Ma mère, dit Jésus prenant doucement la main de la Vierge, les temps sont venus, et il ne s'agit plus de fuir le danger; il s'agit d'aller au-devant de lui.

La Vierge frissonna par tout son corps.

— Écoute, dit-elle, tu m'as souvent parlé, mais vaguement, de ce jour de danger : — enfant, en Égypte; adolescent, à Jérusalem; homme, sur les bords du lac de Genesareth; — souvent, dans tes discours aux disciples, tu as répété les mots de sacrifice, d'immolation, de supplice, et, chaque fois que quelque chose de pareil sortait de ta bouche, je tressaillais jusqu'au fond de l'âme; mais, quand cependant tu m'as dit : « Venez avec moi, ma mère, » j'ai été rassurée, car j'ai pensé que si mon enfant bien-aimé courait un danger de mort, il ne dirait pas à sa mère : « Venez avec moi! »

— Et si, au contraire, je t'avais dit :
« Viens avec moi, » parce que, devant
te quitter bientôt, je ne voulais perdre
aucun des instants qu'il m'était donné
de passer encore près de toi ?

Le visage de la Vierge prit la couleur
du manteau blanc qui couvrait sa tête.

— Mon fils, dit-elle, au nom des larmes de béatitude que j'ai versées quand
les anges m'annoncèrent que tu étais
conçu dans mon sein ; au nom des joies
célestes qui inondèrent mon âme quand
je te vis me sourire en naissant dans la
grotte de Bethléem ; au nom de l'orgueil
que j'éprouvai quand les bergers et les
mages vinrent t'adorer au berceau ; au
nom du bonheur inconnu que je ressen-
tis quand, après t'avoir perdu pendant
trois longs jours, je te retrouvai dans le

temple, entouré de docteurs dont la science terrestre s'humiliait devant la science divine de mon enfant ; au nom de l'Esprit saint qui habite en toi et fait de toi le bienfaiteur de l'humanité, promets à ta mère qu'elle te précédera au tombeau !

— Ma mère, dit Jésus, la terre était encore informe et nue, les ténèbres couvraient encore la face de l'abîme, l'homme et la femme n'existaient encore que dans la pensée du Créateur, que déjà, d'accord avec moi et l'Esprit saint, mon père avait résolu, dans le silence de l'éternité, d'incarner une seconde fois l'image de sa divinité dans l'homme déchu. Or, plus de quatre mille ans se sont écoulés, pendant lesquels, — tu le sais, ô mon père ! vous le savez, ô cieux ! vous le savez, étoiles et soleils contemporains de la création! — j'ai soupiré après mon abaissement, qui devait sauver l'humanité... Le jour tant désiré de mon incarnation est enfin venu; depuis trente-trois ans, j'en glorifie le Seigneur. Eh bien, la nuit passée, sur le mont des Oliviers, où je priais, en songeant à la douleur que ma mort allait vous causer, ma mère, j'ai dit à Dieu : « O mon père! pour accomplir l'œuvre de l'éternelle, de la sainte alliance, n'y a-t-il donc pas un autre moyen que le supplice de votre fils? » Et Dieu m'a répondu : « J'étends ma tête sur l'univers, et mon bras sur l'infini, et j'ai juré, ô mon fils, moi qui suis l'Éternel, que les péchés du monde seraient rachetés par ta mort! »

La Vierge poussa un si douloureux gémissement, que l'air, les plantes, les fleurs, semblèrent gémir avec elle.

— Ma mère, reprit Jésus, pensez donc à cette gloire infinie qui a été réservée à votre fils : — jusqu'à présent des hommes se sont dévoués pour un homme, pour un peuple, pour une nation; votre fils se dévoue pour l'humanité toute entière!

— Je pense que mon fils va mourir, dit la Vierge avec un sanglot déchirant, et il m'est impossible de penser à autre chose!...

— Ma mère, dit Jésus, je vais mourir, c'est vrai; mais comme meurt un Dieu, pour ressusciter dans trois jours à la vie éternelle.

Marie secoua la tête.

— Oh! dit-elle, lorsque l'ange m'annonça que j'étais élue entre les femmes, et que j'allais devenir la mère d'un Dieu, je rendis grâce au Seigneur, et je crus... Mais voici ce que je crus ; c'est que tu naîtrais avec tous les attributs de la divinité ; c'est que, au sortir de mon sein, tu croîtrais aussi vite que la pensée, c'est que, grand comme le monde qui devait t'appartenir, tu couvrirais d'un de tes pieds l'Océan, de l'autre la terre ; que tu pèserais dans ta main droite le soleil, tandis que, de ta main gauche, tu soutiendrais la voûte des cieux. Alors, je t'eusse reconnu pour un Dieu et adoré comme un Dieu. Mais il n'en a point été ainsi : tu es venu au monde semblable aux autres enfants ; semblable aux autres enfants, tu as commencé par sourire à ta mère ; tu t'es suspendu à son sein, tu as grandi sur ses genoux ; puis, lentement, en passant par l'adolescence, tu t'es fait homme ; alors, au lieu de t'adorer comme une faible créature adore son Dieu, je t'ai aimé comme une tendre mère aime son enfant.

— Oh ! oui, ma mère, dit Jésus, et soyez bénie pour cet amour, qui, pendant trente-trois ans, ne m'a pas laissé une seule fois regretter le ciel... quoique plus d'une fois — excusez-moi, ma mère, ma mission comme rédempteur de l'humanité tout entière m'ait forcé, en vous parlant, de mettre la grande famille humaine au-dessus de la famille privée. Je devais donner l'exemple à ceux auxquels je disais : « Vous quitterez votre père, votre mère, vos frères, vos sœurs, vos fils et vos filles, pour suivre celui qui vous appellera au nom du Seigneur. » Hélas! ma mère! quand je m'éloignais de vous ou que je vous répondais durement, la douleur que j'éprouvais dépassait la douleur que je vous faisais éprouver!

— Jésus! Jésus! mon enfant! s'écria la Vierge en tombant sur ses genoux, et en pressant son divin fils entre ses bras.

— Oui, je le sais, dit Jésus avec une profonde tristesse, vous serez appelée la *mère pleine d'amertume*.

— Mais, dit la Vierge, es-tu donc si sûr, mon bien-aimé fils, que l'heure de nous quitter soit proche?

— Hier, au conseil de Caïphe, on a résolu de m'arrêter.

— Et personne, parmi tous ces prétres, tous ces sénateurs, tous ces hommes, enfin, n'a pris ta défense? Mais ils ne savent donc pas que tu as une mère, ou ils n'ont donc pas de fils?

— Si fait, ma mère, deux justes ont parlé pour moi : Nicomède et Joseph d'Arimathie.

— Ah! que le Seigneur soit avec eux à l'heure de leur mort!

— Il y sera, ma mère.

— Mais on ne sait pas où tu es; les archers ne te trouveront peut-être pas

— Un homme s'est chargé de les conduire où je serai, et de me livrer entre leurs mains.

— Un homme!... Et quel mal as-tu donc fait à cet homme?

— Ma mère, je ne lui ai jamais fait que du bien.

— C'est quelque idolâtre de Samarie, quelque païen de Tyr?

— C'est un de mes disciples.

La Vierge jeta un cri.

— Oh! l'insensé! dit-elle; oh! l'ingrat! oh! l'infâme!

— Dites le malheureux! ma mère.

— Et quelle cause l'a pu pousser à ce crime?

— La jalousie et l'ambition. Il est jaloux de Jean et de Pierre; il croit que je les aime mieux que lui; comme si celui qui va mourir pour les hommes ne les aimait pas tous également! Il croit encore que j'aspire à un royaume terrestre, et il craint que je ne lui fasse, dans ce royaume, une part inférieure à celle des autres.

— Et quand cette fatale pensée de te trahir lui est-elle donc venue?

— L'autre soir, à Béthanie, dit Jésus, quand Madeleine a versé du nard sur mes pieds, et a brisé le vase qui le contenait, pour en exprimer jusqu'à la dernière goutte sur mes cheveux.

— Oh! c'est Judas! s'écria Marie.

Jésus se tut.

— Oh! poursuivit la Vierge, que Dieu...

Jésus lui mit la main sur la bouche, pour empêcher la malédiction de s'achever.

— Ma mère, dit-il, ne maudissez pas : votre malédiction serait trop puissante! Oubliant, une fois, que j'étais le fils de Dieu, j'ai maudit un figuier sur lequel je n'avais pas trouvé de fruits, et le figuier a séché jusque dans ses racines... Ma mère, ne maudissez point Judas !

Jésus leva sa main.

— Que Dieu lui pardonne! murmura la Vierge, mais d'une voix si faible, que Dieu seul l'entendit.

Jésus fit un mouvement pour aller retrouver ses disciples.

— Oh! pas encore! ne me quitte pas encore! dit la Vierge.

— Ma mère, dit Jésus, je ne vous quitterai pas; car, malgré ces murs, je vais faire que vous me voyiez; malgré la distance, je vais faire que vous m'entendiez.

Et, à l'instant même, afin que sa mère ne doutât point, il rendit les murs transparents et supprima la distance; de sorte que la Vierge put voir les apôtres préparant la cène, et put entendre ce qu'ils disaient.

Mais la Vierge ramena ses yeux sur Jésus, en murmurant :

— Encore un instant, mon fils bien-aimé; ta mère t'en prie.

Jésus releva la Vierge, et, de ses deux mains, lui appuya la tête contre sa poitrine.

Pendant ce temps, une harmonie céleste commença de se faire entendre; et, comme si le ciel se fût ouvert, au-dessus de la tête de Marie des voix angéliques chantèrent en chœur :

« Vierge fidèle, priez pour nous! Étoile du matin, priez pour nous! Vase d'élection, priez pour nous! Miroir de justice, priez pour nous! Reine des anges, priez pour nous!

» Mère très-pure, mère très-chaste, mère du Sauveur, priez pour nous!

» Priez pour nous, rose mystérieuse, tour d'ivoire, sanctuaire de charité, arche d'alliance, porte du ciel; priez pour nous! priez pour nous! »

Aux vibrations de cette musique divine, au bruit harmonieux de ces voix, Marie releva lentement la tête, plongea son regard dans les splendeurs du firmament, et demeura un instant le visage tout illuminé des rayons de la gloire éternelle qu'elle avait entrevue.

Alors, poussant un soupir:

— C'est bien beau le ciel avec les anges, dit-elle; mais c'est si bon la terre avec son enfant!

— Ma mère, dit Jésus, ce n'est plus seulement la terre que vous habiterez avec votre enfant pendant de courtes années, c'est le ciel que vous aurez avec votre fils pendant l'éternité. En rachetant les hommes, je tue la mort; mais, pour combattre la mort, pour la vaincre, pour la tuer, il faut que je descende dans son royaume. C'est au fond du sépulcre que je lutterai avec ce roi des épouvantements; c'est de l'abîme que je remonterai triomphant vers le ciel! Alors, ma mère, la mort sera toujours, mais le néant ne sera plus; alors, nul ne saura le nombre des âmes que j'aurai rachetées, nul ne pourra compter les générations qui, un jour, sortiront, à ma voix, de la poussière du tombeau pour entrer dans la vie éternelle.

— Ainsi soit-il! murmura la Vierge en soupirant.

Et, pour ne quitter Jésus que le plus tard possible, elle se mit à marcher avec lui, la tête toujours appuyée sur sa poitrine.

Mais, au bout de quelques pas, tous deux s'arrêtèrent: le corps d'une femme évanouie leur barrait le chemin.

C'était celui de Madeleine.—Madeleine était demeurée à l'endroit où Jésus lui avait dit de s'arrêter; mais, de là, elle avait entendu que Jésus allait mourir, et, à cette nouvelle, elle s'était évanouie.

— Ma mère, dit Jésus, je vous laisse moins malheureuse, vous avez quelqu'un à consoler.

CHAPITRE VIII.

CECI EST MON CORPS. — CECI EST MON SANG.

Jésus rentra dans le cénacle.—Judas venait d'arriver.

Le Christ arrêta un instant son regard sur le regard sombre du traître; puis, s'adressant aux apôtres :

— L'agneau pascal est prêt, dit-il; le sacrifice peut commencer.

Jésus s'assit au milieu des apôtres. La table avait la forme d'un E dont le milieu eût été enlevé : les apôtres n'en occupaient que les trois faces extérieures ; on la servait et la desservait par l'ouverture.

A sa droite, Jésus avait Jean, son disciple bien-aimé ; Jean, l'homme au cœur pur, au sourire suave, à la parole éloquente ; Jean, que le Messie surnommait, — avec son frère Jacques — *Boanergès*, c'est-à-dire *fils du tonnerre*.

Puis venait Jacques le Majeur, fils de Zébédée comme Jean, et qui suivait les pas du Messie avec le pressentiment du martyre ; Jacques, le premier des douze apôtres qui devait, en effet, sceller sa foi de son sang !

Puis Jacques le Mineur, fils d'Alphée, cousin de Jésus par sa mère, et que l'on appelait le Mineur, pour le distinguer de l'autre Jacques, plus grand et plus âgé que lui.

Puis Barthélemy, l'ancien Nathaniel, celui qui n'avait pas cru d'abord au Christ, et qui confessera le Christ en souriant à ses meurtriers.

Puis, en retour, Thomas, à qui son insistance pour voir les plaies de Jésus vaudra une célébrité toute particulière; Thomas, que les Hébreux appelaient *Taoum*, et les Grecs *Didyme*, mots qui, dans chaque langue, signifient *jumeau*.

Puis Judas, le traître de la tribu d'Issachar, que l'on appelait Judas is Charioth, parce qu'il était du village de Charioth.

A la gauche de Jésus était Pierre, auquel Jésus avait promis les clefs du ciel, et que nous avons placé un des premiers sous les yeux de nos lecteurs, comme il était un des premiers dans le cœur de son maître.

Puis venait André, l'ancien disciple de Jean le Précurseur, et qui, sur un signe de ce dernier, avait suivi Jésus pour ne plus le quitter.

Puis le second Judas, que l'on appelait Taddée ou Lebbée indistinctement, du mot *tad* qui veut dire *poitrine*, ou du mot *leb* qui veut dire *cœur*. Le Christ n'avait pas d'apôtre plus fidèle, de disciple plus dévoué que lui.

Puis Simon *Zelotès* ou le *Zélateur*, frère de Jacques, et qui était appelé le Zélateur, parce qu'il était digne de cette secte juive qui avait juré de ne reculer devant aucun moyen de délivrer la Judée de la domination romaine.

Puis, en retour, Mathieu le Péager qui avait quitté son nom de Levi pour entrer dans un bureau de péage, et qui, plus tard, abandonna le bureau de péage pour suivre Jésus.

Et Philippe, enfin, à qui Barthélemy, alors Nathaniel, avait répondu : « Que peut-il sortir de bon de Nazareth ? »

Il y avait, pour tous mets sur la table, l'agneau pascal, qui en tenait le milieu ; à droite, un plat d'herbes amères, — pour faire allusion à l'amertume de la nourriture que les Hébreux avaient prise sur la terre d'exil ; et, à gauche, un plat d'herbes douces, — pour faire allusion à la nourriture qui pousse sur le sol de la patrie.

C'était Heli qui servait.

Avant de s'asseoir, Jésus dit tout haut

la prière enseignée par lui-même sur la montagne : « Notre père qui êtes aux cieux... »

Puis, à ces mots : « Ainsi soit-il ! » il regarda du côté où il avait laissé la Vierge dans le jardin ; et de même qu'elle le pouvait voir, il la vit assise sur le banc où il l'avait conduite. Madeleine était couchée à ses pieds, la tête cachée dans les vêtements de la Vierge.

Marie, en voyant qu'il la regardait, étendit les bras vers son fils.

Jésus murmura :

— Je pense à vous, ma mère ! et tout à l'heure je communierai avec vous, sinon de corps, du moins en esprit.

La Vierge sourit tristement, et laissa retomber ses deux mains sur les cheveux de Madeleine, dont les sanglots soulevaient la tête et les épaules.

Pendant ce temps, Heli découpait l'agneau, et mettait devant Jésus une coupe pleine de vin, et, entre les apôtres, six autres coupes, — une seule coupe, symbole de fraternité, devant suffire à deux apôtres.

Jésus bénit le vin qui était dans sa coupe, et le toucha du bout des lèvres; puis, avec une profonde tristesse :

— Mes bien-aimés, dit-il, rappelez-vous les paroles du prophète :

« Mon serviteur grandira devant Dieu, comme un rejeton qui sort d'une terre desséchée; nous l'avons vu, et, comme il nous est apparu sans sa gloire et sous une forme vulgaire, nous l'avons méconnu.

» Il nous a semblé un objet de mépris, la dernière des créatures, un homme de douleurs, voilà tout; il a pris nos langueurs sur lui, et nous l'avons considéré comme un lépreux, comme un homme humilié par le Seigneur.

» Et, cependant, il a été percé de plaies pour nos iniquités; il a été brisé pour nos crimes; le châtiment qui doit nous donner la paix est tombé sur lui, et nous avons été guéris par ses meurtrissures.

» Nous nous étions tous égarés comme des brebis errantes; chacun s'était détourné pour suivre sa propre voie, et Dieu l'a chargé, lui seul, de l'iniquité de nous tous.

» Il a été offert en sacrifice parce

qu'il l'a voulu ; il n'a point ouvert la bouche pour se plaindre ; il sera mené à la mort comme une brebis qu'on égorge, et il sera muet comme un agneau devant celui qui le tond.

» Il est mort au milieu des douleurs, ayant été condamné par des Juifs ; il n'avait jamais connu le mensonge, et, cependant, je l'ai retranché de la terre des vivants, car je l'ai frappé à cause des crimes de mon peuple. »

Voilà ce que disait Isaïe, il y a huit siècles de cela, ô mes bien-aimés ; et, en disant ces paroles, c'était à moi qu'il songeait ; c'était mon supplice qu'il voyait ; c'était ma mort qu'il prophétisait. En effet, c'est moi qui vous le dis, toutes les misères humaines vont s'accumuler sur ma tête ; en me voyant passer

triste et souffrant, les hommes détour-
neront les yeux; ils croiront que je me
courbe sous le poids de mes crimes; ils
croiront que ce sont les angoisses du
remords qui me torturent. Moi, je ne
pourrai point les détromper; mais, vous,
criez hardiment au monde : « Hommes,
reconnaissez votre erreur; si le Messie
souffre, s'il gémit, s'il se tord sous la
main de l'anathème, sous le fouet des
soldats, sous le fer des bourreaux, le
coupable, c'est l'humanité! le réprouvé,
c'est l'espèce humaine tout entière! Il
est jugé, il est condamné, il agonise, il
meurt sans se plaindre; à peine jettera-
t-il un dernier cri, comme ce pauvre
agneau dont il est l'image; mais souvenez-vous de ceci : c'est que, ces plaies
qui vous font frémir, c'est en votre nom

qu'il les a reçues, et n'oubliez pas que chaque goutte de sang qu'il verse ajoute une plume aux ailes de l'ange de la rédemption, et que son sang coulera ainsi, goutte à goutte, jusqu'à ce que ces ailes bienfaisantes soient assez larges pour abriter la création tout entière! »

— Oh! Jésus! oh! mon maître! dit Jean en laissant tomber sa tête sur la poitrine du Christ.

— Le jour est donc venu, mes bien-aimés, où il faut nous séparer!... Désormais, vous mangerez sans moi l'agneau qui bondit dans la prairie de Saaron; désormais, vous boirez sans moi le vin qui coule des pressoirs d'Engaddi; mais suivez la voie que je vous indique. Dans la maison de mon père, dans la vallée de la paix éternelle où il demeure, il y a de douces habitations pour tous mes amis, des habitations où nous célébrerons ensemble la fête de la rédemption universelle, fête que n'attristera plus aucune idée de séparation !

Et, comme Jean et Taddée pleuraient :

— Ne pleurez pas, dit Jésus ; notre séparation sera courte, tandis que, au contraire, notre réunion sera éternelle !

— Mais, dit Thomas, si vous ne voulez pas que nous pleurions, maître, pourquoi pleurez-vous vous-même ?

Et, en effet, de grosses larmes silencieuses coulaient sur les joues de Jésus.

— Je pleure, dit Jésus, non pas à l'idée de notre courte séparation, mais à l'idée qu'un de vous me trahit.

Alors, Jean se releva ; alors, les yeux

de Taddée lancèrent un éclair à travers ses larmes; alors, tous les disciples, à l'exception de Judas, s'écrièrent d'une seule voix :

— Est-ce moi, maître?

— C'est un de vous, dit Jésus. Il est vrai que cette trahison était prédite par les prophètes, mais, cependant, malheur au disciple qui va trahir le maître!...

Judas devint pâle comme la mort; mais, comprenant que s'il était le seul qui n'interrogeât point Jésus, ses compagnons le soupçonneraient peut-être, il appela à lui tout son courage, et, d'une voix frémissante :

— Est-ce Judas qui doit te trahir, maître? demanda-t-il.

— Judas, répondit Jésus, rappelle-toi

ce que je t'ai dit lorsque nous étions enfants tous les deux, et que tu me frappas d'un coup de poing dans le côté droit. Or, le côté droit a une grande et mystérieuse signification : c'est du côté droit d'Adam qu'Ève fut tirée ; c'est à la droite d'Isaac que Jacob fut béni ; c'est à la droite de mon père que je m'assoierai ; c'est mon côté droit qui sera ouvert par la lance ; enfin, c'est à ma droite, Judas, que je t'avais placé pour ce repas suprême, car je ne désespérerai d'aucun homme, fût-ce d'un larron, d'un meurtrier ou d'un assassin, tant qu'il pourra me tendre la main droite, et que, de mon côté, je pourrai le toucher avec la main droite.

Et Jésus regarda Judas avec une expression de miséricorde infinie, comme s'il eût espéré qu'à ces douces paroles, Judas se repentirait, et, avouant son crime, tomberait à ses genoux.

Mais, au lieu de se laisser aller à un mouvement de repentir, Judas détourna la tête, et dit :

— Comment le maître peut-il savoir quel est celui qui le trahit? Il faut donc que celui qui le trahit ait été trahi lui-même?

— Judas, dit Jésus, chaque homme a son ange gardien, qui, envoyé par le Seigneur au berceau de l'enfant, l'accompagne à travers la vie, à moins que quelque grand crime n'épouvante cet ange, et ne le fasse remonter au ciel. Or, j'ai vu un ange de mon père qui passait les mains sur ses yeux, les ailes étendues; je l'ai appelé, et je lui ai dit :

« Fils de l'empyrée, frère des étoiles, quel crime a donc été commis sur la terre? » Et lui m'a répondu : « Seigneur, un de tes disciples, un de ceux que tu as instruit de ta parole et de ton exemple, t'a trahi par envie, t'a vendu par cupidité ; il a reçu du grand sacerdote Caïphe trente pièces d'argent pour te livrer... Je ne suis plus son ange gardien ; seulement, au jour du jugement dernier, il me retrouvera près de lui, étendant la main sur la nuit éternelle, armant ma voix de la force du tonnerre, et disant : « Au nom de celui
» qui a répandu son sang sur la croix,
» tu t'es rendu indigne de contempler
» le fils de l'homme dans toute sa gloire,
» je t'abandonne à l'abîme de la dam-
» nation! » Voilà ce que m'a répondu

l'ange, Judas; voilà comment j'ai su qu'un de mes disciples me trahissait.

— Et t'a-t-il dit le nom du traître? demanda Judas.

— Il me l'a dit, répondit Jésus.

— Nomme le traître, Seigneur! nomme le traître! s'écrièrent à la fois tous les apôtres.

— Oh! maître, murmura Jean; dis-moi quel est le traître!

— A toi, mon bien-aimé Jean, répondit tout bas Jésus, mais à toi seul : Le traître est celui pour lequel je casse ce pain.

Et, faisant deux parts du pain qu'il avait devant lui, il présenta à Judas le symbole de la réconciliation du pécheur avec son Dieu.

Judas n'en put supporter davantage :

il se dressa tout debout, porta ses mains à son front, comme si le sang l'eût aveuglé, et, jetant les yeux autour de lui d'un air égaré, il s'élança hors de la salle.

Jésus se tourna vers sa mère ; il la vit regardant toujours de son côté ; seulement, au moment où Judas sortit de la maison, elle couvrit son visage de son manteau pour ne pas le voir.

Il y eut un moment de silence qui ressemblait à de l'effroi.

Puis, enfin, Jésus reprit :

— Maintenant que nous sommes entre nous, dit-il, comme pour faire comprendre à ses disciples qu'il ne conservait plus aucun doute depuis que Judas était sorti, il faut que je vous explique pourquoi j'ai tardé jusqu'au jour de la

cène à me livrer à mes bourreaux ; c'est
que je me suis promis à moi-même que
je ne goûterais de la mort qu'après vous
avoir fait participer à ma vie. Fermez
les portes, Pierre, afin que n'entre aucun profane ; et vous, Jean, aller me
chercher le calice que j'avais laissé en
dépôt chez Seraphia, femme de Sirach.

Jean se leva, alla vers une armoire
qu'il ouvrit, et d'où il tira un calice.
C'était un vase d'une forme antique,
et qui se rapprochait de celle d'une
fleur ; il avait été donné au temple, lors
de sa fondation, par Salomon ; enlevé
par Nabuchodonosor avec les autres vases sacrés, on avait essayé de le fondre,
mais aucune ardeur de feu n'avait pu
mordre sur la matière inconnue qui le
composait. Alors, il avait été vendu ; à

qui? on n'en savait rien ; seulement, Seraphia l'avait acheté à des marchands d'antiquités, et, comme c'était elle qui avait recueilli Jésus pendant ces trois jours de son enfance où il avait échappé à Joseph et à la vierge Marie, Jésus avait vu ce calice chez elle, et lui avait dit : « Seraphia, ne te sépare jamais de ce calice, car un jour doit venir où il me servira à accomplir un grand mystère; et, ce jour-là, qui sera proche de celui de ma mort, je l'enverrai chercher chez toi. »

Jean déposa le calice devant le Christ, et, en même temps, lui présenta un pain azyme sur une assiette.

Jésus remplit le calice de vin.

— Mes bien-aimés, dit-il, c'est une coutume ancienne, surtout lorsque chacun va de son côté entreprendre un long voyage, de partager le pain, et de boire au même calice, à la fin du repas. Or, chacun de nous va partir pour un voyage plus ou moins long. J'arriverai le premier... j'arriverai seul; car, où je vais, vous ne pouvez pas me suivre; mais, cependant, quand vous me chercherez bien, vous me trouverez toujours ! Je vous laisse un commandement plus saint qu'aucun de ceux qui vous aient jamais été enseignés par une bouche humaine; eussiez-vous oublié tout ce que je vous ai appris, vous n'aurez rien oublié tant que vous vous souviendrez de ce commandement : « AIMEZ-VOUS LES UNS LES AUTRES ! » Que l'univers entier reçoive de votre bouche cette maxime fraternelle, et demande à entrer dans votre pacte d'amour et de charité.

Puis, brisant le pain en autant de parts qu'ils y avait de disciples, sans oublier la part de Judas :

— Prenez et mangez, dit Jésus, ceci est mon corps !

Et, bénissant le vin versé dans le calice :

— Prenez et buvez, dit-il, ceci est mon sang !

Jean, qui était à la gauche de Jésus, ayant mangé et bu le premier, dit au Christ :

— Oh ! mon divin maître, répétez bien à votre fidèle disciple que vous n'avez aucun doute sur lui.

Jésus sourit d'un sourire céleste.

— Hier, dit-il, pendant que je priais

au jardin des Oliviers, comme j'ai coutume de le faire depuis plusieurs nuits, tu t'es endormi à quelques pas de moi. Ma prière finie, j'ai cherché où tu étais, et, te voyant couché, je me suis approché de toi; mais, au lieu de te réveiller, je t'ai suivi jusqu'au fond de ton sommeil. Un sourire plus calme que celui du printemps effeuillant des fleurs sur la terre, sa fiancée, reposait sur tes lèvres. J'ai vu Ève, j'ai vu Adam dormir, le jour même de la création, leur premier sommeil, sous les berceaux de l'Éden; leur sommeil était moins pur et moins innocent que le tien.

— Merci, maître, dit Jean en baisant la main de Jésus.

— Maintenant, dit le Christ, souvenez-vous, mes bien-aimés, que je vous ai donné tout ce que j'ai pu, puisque, en vous donnant mon corps, puisque, en vous donnant mon sang, je me suis donné moi-même. Eh bien ! à votre tour, donnez-vous à vos frères comme je me suis donné à vous, tout entiers et sans restriction. Ceux qui m'ont précédé vous ont dit : « Le peuple juif est le peuple élu du Seigneur ; les autres peuples n'ont pas droit à la lumière de Moïse, à la parole des prophètes ; » et, moi, je vous dis, au contraire : « Quand le soleil brille, il éclaire non-seulement le peuple juif, mais encore tous les autres peuples ; quand l'orage gronde, la pluie qui tombe des nues ne féconde pas seulement la terre de Judée, elle féconde toutes les terres. »

Que la vérité que je vous ai révélée

soit le soleil qui luit sur le monde, de l'orient au couchant, du midi au septentrion ; que la parole que je vous transmets soit la rosée qui féconde depuis le champ de vos pères jusqu'aux terres les plus lointaines et les plus inconnues. Ne vous inquiétez pas, quand vous aurez à traverser une contrée, quel est le Dieu qu'on y adore, quel est le roi qui y règne, quel est le peuple qui y habite. Marchez devant vous, et, lorsqu'on vous demandera de quelle part vous venez, dites : « Je viens de la part de l'éternel amour ! »

Et il semblait aux disciples qu'en disant ces paroles, Jésus devenait lumineux et transparent. Quelque chose de pareil à la transfiguration du Thabor s'accomplissait en ce moment, et on le vit prêter l'oreille à une voix que lui seul entendit, et qui était celle de sa mère.

Car la Vierge, les bras étendus vers lui, disait :

— O mon Seigneur, c'est bien en ce moment que je vous reconnais pour le fils de Dieu !

Le Christ leva d'une main le calice, et de l'autre le morceau de pain.

La Vierge croisa les bras sur sa poitrine, et renversa la tête en arrière, les yeux à demi fermés, la bouche à demi ouverte.

Elle communiait spirituellement avec son divin fils.

Jésus reposa sur la table le calice et le morceau de pain.

— Et maintenant, dit-il à Pierre,

rouvre la porte, et dis à Heli de nous apporter l'eau et les bassins.

Heli entra avec des serviteurs portant des bassins pleins d'eau, et du linge.

Les apôtres s'assirent, dénouèrent leurs chaussures, et Heli mit devant chacun d'eux un bassin d'eau tiède.

Alors, Jésus à genoux, mais d'autant plus grand qu'il accomplissait une plus humble fonction, commença de laver les pieds à ses disciples.

Tous le laissèrent faire, comme des serviteurs qui obéissent à la volonté d'un maître.

Mais, quand il fut arrivé à Pierre :

— Oh! lui dit celui-ci, souffrirai-je jamais que mon Seigneur me lave les pieds!

— Tu ne sais pas, à cette heure, ce

que je fais, dit Jésus; mais tu le sauras plus tard.

Puis, à demi-voix :

— Pierre, dit-il, tu as mérité d'apprendre de mon père qui je suis, d'où je viens, où je vais. C'est pourquoi je bâtirai sur toi mon église, et les portes de l'enfer ne prévaudront pas contre elle; ma force doit rester près de tes successeurs jusqu'à la fin du monde.

Puis, plus haut et de manière à ce que tous les apôtres l'entendissent :

— Mes bien-aimés, dit-il, quand je n'y serai plus, n'oubliez point que c'est Pierre qui doit remplir ma place auprès de vous.

Alors, Pierre lui dit :

— Vous avez beau me grandir, Seigneur, je ne souffrirai jamais que le maître lave les pieds à son disciple.

— Pierre, lui répondit Jésus avec un sourire, si je ne te lave pas les pieds, en vérité, je te le dis, tu n'auras point de part avec moi.

Et, alors, Pierre s'écria :

— Oh ! Seigneur, s'il en est ainsi, lavez-moi non-seulement les pieds, mais encore les mains, mais encore la tête.

Et, quand les pieds de Pierre furent lavés :

— Maintenant, maître, dit l'apôtre, je suis prêt à te suivre partout où tu voudras.

— Ne t'ai-je pas dit déjà que, où j'allais, tu ne pouvais me suivre ? dit Jésus.

— Pourquoi me repousses-tu ? s'écria

l'apôtre, moi qui donnerais ma vie pour toi !

— Ta vie ! reprit Jésus en regardant Pierre avec un sourire douloureux ; en vérité, Pierre, je te le dis, avant que le coq ait chanté trois fois, trois fois tu m'auras renié !

Pierre voulut protester ; mais Jésus étendit la main :

— Mes frères, dit-il, quand je vous ai envoyés quelque part sans sac, sans bourse, sans souliers, et que vous avez été où je vous envoyais, avez-vous jamais manqué de quelque chose sur la route ?

— Jamais ! répondirent les disciples.

— Eh bien, continua Jésus, maintenant, que celui qui a un sac et une bourse les prenne ! Que celui qui n'a rien vende sa robe pour acheter une épée, car tout ce qui a été écrit de moi va s'accomplir.

Puis, se tournant du côté où il avait déjà regardé plusieurs fois :

— C'est assez, dit-il, en faisant un effort sur lui-même; sortons d'ici.

Jésus sortit le premier, et Pierre après lui; Pierre insistant encore et disant :

— Quand je devrais mourir avec vous, je ne vous renierai jamais, mon divin maître!

A la porte de la rue, Jésus trouva, d'un côté du seuil, la Vierge, et, de l'autre côté, Madeleine; toutes deux étaient à genoux.

Jésus baisa sa mère au front; et, tandis qu'il embrassait sa mère, Madeleine prit le bout de son manteau, et l'appuya contre ses lèvres.

CHAPITRE IX.

LA SUEUR DE SANG.

Jésus sortit de Jérusalem par la même porte qui lui avait donné entrée. Il était dix heures du soir à peu près. La lune, qui venait de se lever derrière le mont Érogé, s'avançait, pâle et presque livide, vers un profond océan de nuages noirs près de l'engloutir; le vend soufflait du sud-ouest, triste comme une plainte de la nature, et les ramiers, malgré l'heure avancée, se lamentaient tristement dans les cyprès de Sion.

Jésus traversa le pont du Cedron, laissa à droite le chemin d'Engaddi et de Jericho, et s'engagea dans le sentier de la montagne des Oliviers qui conduit à Gethsemani.

Il était silencieux, et de ce silence, les disciples étaient profondément troublés; toute leur force reposait en lui, et, dès que cette force les abandonnait, ils pliaient comme des roseaux.

Jean ne le perdait pas des yeux; il voyait son maître marcher à pas lents, les bras inertes, la tête inclinée, le visage plus pâle encore que d'habitude. Un peu avant d'arriver à Gethsemani, il s'approcha de Jésus, et, ne pouvant plus longtemps renfermer son inquiétude dans son âme, il lui dit :

— Maître, comment se fait-il que tu sois si abattu, toi qui d'ordinaire es le soutien des autres?

Mais Jésus, secouant la tête :

— Oh! mon bien-aimé Jean, dit-il, mon âme est triste jusqu'à la mort!

— Que puis-je faire pour mon doux Seigneur Jésus?

— Rien, répondit le Christ, car vos yeux, à vous, ne voient pas ce que je vois…

— Que voyez-vous donc de si effrayant?

— Je vois l'angoisse et la tentation qui s'approchent, et je suis si profondément abattu à l'idée de me séparer de ceux-là que j'aime, que, si mon père ne me vient point en aide, je succomberai. Voilà pourquoi, au lieu de m'entourer et de me secourir, il convient que vous restiez loin de moi, de peur que ma faiblesse ne vous soit un objet de scandale.

Et, comme on était arrivé au village de Gethsemani, il laissa, dans une espèce d'enclos, Simon, Barthélemy, Taddée, Philippe, Thomas, André, Mathieu, Jacques le Mineur, et continua son chemin avec Pierre, Jacques et Jean.

— Restez ici, dit-il aux premiers; veillez et priez, afin de ne pas tomber en tentation.

Alors, dépassant le village, et appuyant un peu sur la gauche, il s'avança vers ce que l'on appelait le jardin des Oliviers, parce que là étaient les plus vieux oliviers de la montagne.

Ce jardin était fermé par un mur de terre au milieu duquel, au reste, avait été pratiquée une ouverture qui permettait à tout le monde d'y pénétrer. Dans un des endroits les plus retirés, sous l'ombre la plus touffue des plus antiques oliviers, on trouvait une grotte dont l'entrée était presque entièrement voilée par des rameaux de lierre et de vigne sauvage.

C'était dans cette grotte que Jésus avait l'habitude de se retirer pour se prosterner devant le Seigneur ; d'habitude encore, il entrait seul dans ce jardin, et les apôtres, groupés sur un point ou sur un autre de la montagne, voyaient avec étonnement, dès que Jésus était en prières, de longues traînées de flamme sillonner les airs comme des étoiles filantes, et aboutir à la grotte où Jésus priait.

Pour eux, il n'y avait aucun doute que ces traînées de lumière ne fussent les traces que laissaient, sur le sombre azur des nuits, les anges qui venaient visiter Jésus pendant ces méditations.

A quelques pas de la porte du jardin, le maître quitta les trois apôtres.

— Vous, dit-il, qui m'avez suivi sur le Thabor, et qui y avez vu ma force et ma grandeur, restez ici, car vous seuls, sans douter, pouvez voir ma faiblesse.

Pierre, Jacques et Jean s'arrêtèrent et s'assirent, comme avaient fait les huit premiers apôtres.

Jésus s'avança et pénétra, plein de terreur, dans la grotte.

Une tradition contemporaine du monde

disait que dans cette grotte s'étaient, après le péché que Jésus venait expier, réfugiés Adam et Ève, comme une autre tradition disait encore que le père et la mère du genre humain dormaient du sommeil éternel sur le sommet du Golgotha, à l'endroit même où se faisaient les exécutions criminelles.

La ville de Jérusalem séparait donc seule la grotte où les exilés de l'Éden avaient pleuré et prié vivants, du sépulcre où ils reposaient trépassés et muets.

A peine dans la grotte, Jésus se jeta la face contre terre.

Tout à coup, au milieu de la prière du Christ, la trompette terrible qui doit réveiller les morts, au jour du jugement dernier, éclata dans les airs; et, cela, si subitement et d'une façon si imprévue, que, de même qu'au bruit du clairon un cheval se cabre et s'emporte, de même, au son de cette trompette fatale, les hommes sentirent bondir sous leurs pieds la terre, qui s'élançait, épouvantée, pour aller se perdre dans l'espace, si la main puissante de Dieu ne l'eût retenue et forcée à rentrer dans son orbite.

Puis, au son de la trompette succéda une voix non moins terrible.

Elle disait :

— Au nom de celui qui tient les clefs de l'infini, qui donne à l'enfer ses flammes, à la mort sa toute-puissance, est-il sous la voûte du firmament un homme qui veuille comparaître devant Dieu à la place du genre humain ?... Si cet homme existe, qu'il réponde : Dieu l'attend !

Un frisson pareil à celui de la mort courut dans les veines de Jésus, et pénétra jusqu'à la moelle de ses os. Cependant, il se dressa sur ses genoux, et, levant les bras et les yeux au ciel :

— Seigneur, dit-il, me voici!

Et il resta un instant abîmé dans la contemplation qui lui permettait de voir Dieu à travers l'épaisseur de la montagne, à travers les profondeurs de l'empyrée.

Peu à peu la céleste ouverture se referma, et tout rentra dans le silence et dans l'obscurité ; mais ce court instant qui avait été accordé à Jésus pour contempler la face du Seigneur lui rendit toute sa force.

Alors, s'appuyant aux parois de la grotte sombre :

— Et, maintenant, dit-il, viens, Satan... je suis prêt à te recevoir!

Aussitôt, les rameaux de lierre et de vigne sauvage qui voilaient l'entrée de la grotte s'écartèrent, et l'ange du mal apparut, tel qu'il s'était déjà présenté une fois à Jésus dans le désert, pendant cette nuit où, après l'avoir transporté sur le pinacle du temple, il lui avait, du haut du Djavahir, fait passer en revue tous les royaumes de la terre.

Les trois heures de la tentation suprême allaient commencer.

PREMIÈRE HEURE.

— Tu m'as appelé? dit Satan.

— Je ne t'ai point appelé, répondit Jésus; mais, comme je savais que tu étais là, je t'ai dit : « Viens. »

— Tu ne crains donc pas plus de succomber cette fois-ci que la première?

— J'espère que le Seigneur me soutiendra.

— Alors, tu es toujours décidé à racheter les crimes des hommes?

— Tu as entendu ce que j'ai répondu tout à l'heure à l'ange du jugement, lorsqu'il a sommé l'humanité de comparaître devant lui.

— Et pourquoi n'as-tu pas laissé l'humanité se défendre elle-même?

— Parce qu'elle eût été condamnée; parce que, pour la sauver, il fallait une vertu qui à elle seule pût faire le contrepoids de tous les crimes : le dévouement!

— Ainsi, demanda Satan, tu vas te charger des iniquités de la terre?

— Oui, répondit Jésus.

— Le fardeau sera lourd, je t'en préviens !

— Pourvu que je le porte jusqu'au sommet du Calvaire, c'est tout ce qu'il faut.

— Tu pourras bien tomber plus d'une fois en route.

— La main du Seigneur me relèvera !

— Bien ! dit Satan. Ainsi, la faute de cette bonne mère Ève et de ce bon père Adam, tu t'en charges?

— Oui, répondit Jésus.

— Le crime du premier meurtrier, le crime de Caïn, tu t'en charges?

— Oui.

— Les crimes de cette race que ton père a jugée si perverse, qu'il n'a pas trouvé d'autre moyen pour la guérir, que de la noyer, — tu t'en charges?

— Oui.

— Soit! dit Satan; mais nous ne sommes encore qu'au prologue du monde : le drame ne s'ouvre véritablement qu'après le déluge. — Que dis-tu de Nemrod, ce grand chasseur devant Dieu, qui regardait les daims, les cerfs, les élans, les tigres, les panthères et les lions comme des animaux indignes de lui, et tendait son arc contre les hommes?

— Je dis que Nemrod était un tyran, mais je meurs pour les tyrans comme pour les autres.

— Allons, passe pour Nemrod! — Mais nous avons un certain Procuste qui couchait ses hôtes dans un lit, et qui, s'ils étaient trop petits, les allongeait; s'ils étaient trop longs, les raccourcissait... Nous avons un certain Sinnis qui écartelait les passants en les liant à deux arbres qu'il courbait de force, et en laissant ensuite les deux arbres se relever... Nous avons un certain Antée qui bâtissait un temple à Neptune avec les crânes des étrangers qui traversaient ses États... Nous avons un certain Phalaris qui, avec les cris d'agonie des prisonniers qu'il y enfermait, faisait heurler un taureau d'airain rougi... Nous avons un certain Scyron qui se tenait sur un chemin étroit, et qui précipitait les voyageurs dans la mer!... — Tu adoptes tout cela? Soit! Passons à d'autres! Oh! nous ne chercherons pas longtemps : c'est un vilain animal que l'homme, et une vilaine histoire, que l'histoire de l'humanité.—Il y a Clytemnestre, qui tue son mari; il y a Oreste, qui tue sa mère; il y a OEdipe qui tue son père; il y a Romulus qui tue son frère; il y a Cambyse qui tue sa sœur; il y a Médée qui tue ses enfants; il y a Thyeste qui les mange!... — Tu te charges de débattre tout cela avec les Euménides? A merveille! — Voyons un peu ce que tu diras des bacchantes, qui déchirent Orphée; de Pasiphaë, qui dote la Grèce du Minotaure; de Phèdre, qui fait déchirer Hippolyte par ses chevaux; de Tullie, qui fait passer son char sur le corps de Servius Tullius?...— Bagatelles! N'en parlons plus.—Parlons de Sardanapale, qui promet une province à celui qui inventera un nouveau plaisir;

de Nabuchodonosor, qui pille le temple, et emmène tes aïeux en captivité; de Balthasar, qui fait jeter Daniel dans la fosse aux lions; de Manassès, qui fait scier Isaïe en deux, et du bas en haut, pour que la chose dure plus longtemps; d'Achab, qui a commis tant de crimes, que Saül est maudit de Samuel pour ne l'avoir pas tué! Parlons d'Ixion, qui veut violer une déesse, et des habitants de Sodome, qui veulent violer trois anges! Parlons des incestes du patriarche Loth, des mystères de Vénus Mylitta, de la prostitution de Tyr, des bacchanales de Rome, de l'empoisonnement de Socrate, de l'exil d'Aristide, du meurtre des Gracques, des égorgements de Marius, du suicide de Caton, des proscriptions d'Octave, de l'assassinat de Cicéron;

d'Antoine, renvoyant à sa femme les têtes de *ceux qu'il ne connaît pas;* de Scipion, brûlant Numance; de Mummius, brûlant Corinthe; de Scylla, brûlant Athènes ! — Remarque bien que je laisse de côté les Hébreux, les Phéniciens, les Grecs et les Égyptiens, sacrifiant leurs fils à Moloch; les Bretons, les Carnutes, et les Germains, sacrifiant leurs filles à Teutatès; les Indiens, se faisant écraser sous le char de Vishnou; les Pharaons, bâtissant les pyramides et cimentant cette fantaisie funèbre avec la sueur et le sang de deux millions d'hommes!... Et tout cela pour arriver à Hérode le Grand, qui, à cause de toi, fait égorger cinquante mille enfants mâles! et à Jean le Baptiseur, auquel Hérode Antipas, toujours à cause de toi, fait couper le cou! — Eh bien! voyons, fils de l'homme ou fils de Dieu, qu'en dis-tu? Parle! réponds: Prends-tu toujours sur toi les crimes du monde, et crois-tu encore que c'est un fardeau que puissent soulever des épaules humaine?

Jésus ne savait plus répondre que par ses soupirs. Cependant, faisant un effort sur lui-même :

— Mon Dieu! murmura-t-il, que votre volonté soit faite, et non la mienne!

Satan poussa un rugissement de colère.

La première heure d'angoisses, la première heure d'épreuves, la première heure des souffrances sublimes qui devaient donner la paix à l'univers, était écoulée!

DEUXIÈME HEURE.

Allons, reprit Satan, laissons là le passé; ce qui est fait est fait : arrivons au présent. — Tu as appelé à toi douze apôtres... je ne parle pas des disciples, cela nous mènerait trop loin... tu as pris de braves gens, les uns à leurs nacelles et à leurs filets, les autres à leur charrue et à leur vigne, les autres à leurs bureaux et à leurs péages; sans toi, ils eussent été heureux; ils eussent vécu auprès de leurs familles; ils fussent morts dans leurs lits, entourés de leurs enfants! Pas du tout, tu en as fait des mendiants pendant ta vie, et tu vas en faire des vagabonds après ta mort... Veux-tu savoir ce qui leur arrivera pour avoir prêché ta doctrine, et par quel chemin ils te rejoindront dans le royaume de ton père? Je laisse de côté Judas : quand celui-là serait pendu, il l'aurait assez bien mérité! — je ne m'occupe que des zélés, des fidèles, des inébranlables! — Commençons par le premier qui ouvrira la marche, par Jacques le Majeur. Après avoir été faire un voyage en Espagne, il reviendra à Jérusalem prêcher ton Évangile; ce qui déplaira à Hérode Agrippa, lequel, sur la demande des Juifs, lui fera couper la tête. ux! Puis vient Matthieu. Lui voyagera beaucoup : il ira dans la Perse d'abord, dans l'Éthiopie ensuite; il convertira une foule de vierges à la religion chrétienne; mais, comme il empêchera une de ces vierges d'épouser le roi du pays, qui en sera amoureux, le roi lui fera donner par derrière un coup de coutcau dont il mourra. DEUX! C'est le tour de Thomas ; — tu vois que je suis l'ordre chronologique. — Ah! Thomas, il voudra faire en Arabie ce que tu as fait en Égypte : renverser les idoles ; mais cela lui réussira moins bien qu'à toi : le grand prêtre le tuera lui-même d'un coup d'épée. TROIS! Passons à Pierre, au fondement de ton Église, au gardien de tes clefs. Lui, son Golgotha l'attend à Rome ; il sera crucifié comme son maître ; seulement, par humilité, il demandera à être crucifié la tête en bas. Et, comme il aura affaire à un juge plein de clémence, la demande lui sera accordée. QUATRE! — Ah! pardon, je m'aperçois que j'ai fait un passe-droit à Jacques le Mineur. — Jacques le Mineur sera déjà près de toi depuis trois ans, quand Pierre ira te rejoindre. Tu sais comment il mourra, ton cousin Jacques, le premier évêque de Jérusalem? On lui fera faire de force ce que tu n'as pas voulu faire de bonne volonté, toi : on le fera sauter du haut en bas du temple; puis, comme, dans sa chute, il ne se sera cassé que deux jambes et un bras, et qu'il lèvera son dernier bras au ciel, un digne Juif lui brisera la tête d'un coup de marteau à foulon; cinq! Nous avons encore Barthélemy, l'ancien Nathaniel, celui qui a prétendu qu'il ne pouvait rien sortir de bon de Nazareth. Lui, mourra d'une mort fort désagréable : il sera écorché ni plus ni moins que le juge prévaricateur de Cambyse; et la chose lui arrivera dans une ville dont le pauvre homme ne connaît pas même le nom : à Albana, en Arménie. six! Puis André, qui a été témoin de ton premier miracle à Cana, et qui sera cloué sur une croix toute particulière, dont on inventera la forme exprès pour lui, et qu'on appellera de son nom; ce qui sera justice, attendu qu'il ne mourra sur cette croix qu'à la fin du second jour. sept! Puis Philippe, qui ira se faire lapider en Phrygie. huit! Puis Simon et Taddée, ces deux bons amis qui ne se quitteront pas même au moment de la mort, et qui seront lapidés en Perse par les habitants de la ville de Sannir. dix! Puis, enfin, Jean, ton disciple chéri... Ah! ah! celui-ci te touche plus que les autres, à ce qu'il paraît? Tu lèves les bras au ciel, tu pries ton père de l'épargner... et, en effet, il sort sain et sauf de la cuve d'huile bouillante où l'a fait plonger Domitien... Allons, soit! *un* sur *douze*, ce n'est pas trop! Ah! il en coûte pour être ton ami, Jésus! on paye cher l'honneur d'être à ton service, Christ! et tes élus sont bien véritablement les privilégiés de la douleur, Messie!

Jésus laissa tomber sa tête dans ses mains, pour cacher les larmes qui ruisselaient sur ses joues.

Satan sourit, et, à ce sourire, les ténèbres se firent par toute la nature.

— Attends, dit-il, je n'ai parlé là que des apôtres; parlons un peu des prosélytes, des adeptes, des néophytes ; ici, nous ne compterons plus par dix ou par douze; nous compterons par cent mille, par cinq cent mille, par millions! — Salut, César Néron, empereur! Que fais-tu là, fils d'Agrippine et d'Ahenobarbus? As-tu assisté à ton spectacle favori : des chrétiens jetés aux bêtes, éclairés par des chrétiens qui brûlent?... Regarde donc, Jésus, c'est ingénieux, ce qu'il a inventé là, ce grand artiste qui chante sur sa lyre des vers d'Orphée pendant que des milliers d'hommes agonisent! Ennuyé de ce que la nuit mettait fin aux massacres, il a eu l'idée d'enduire des hommes de poix-résine, de bitume, de soufre, et de les allumer comme des flambeaux; de sorte que, maintenant, l'empereur ne quittera plus le cirque : il aura spectacle de jour et spectacle de nuit! Mettons trois cent mille chrétiens pour Néron, et je te jure,

Jésus, que j'estime la chose au plus bas. — Il est vrai que Domitien fera mieux que Néron : le monde s'instruit en vieillissant ! — Voyons, qu'as-tu inventé, frère du bon Titus, pendant ces moments d'ennui où tu ne perces pas les mouches avec ton poinçon ? De percer les chrétiens avec des lances, des flèches et des javelots ? Bon ! ce sont là des supplices connus depuis le commencement du monde... Ah ! ah ! tu les fais jeter dans des fournaises embrasées et dans des chaudières d'huile bouillante ? Nabuchodonosor avait inventé cela avant toi... Tu les fais déchirer dans le cirque par des lions, des tigres et des léopards ? Tu les fais fouler aux pieds par des éléphants et des hippopotames ? Tu les fais éventrer par des taureaux et des rhinocéros? C'étaient là les délassements de ton prédécesseur Néron... Voyons, Domitien, est-il donc aussi difficile d'inventer un supplice inconnu qu'un plaisir nouveau? — Ah! regarde ceci, Jésus, ce n'est pas mal : voici deux vaisseaux, dix vaisseaux, vingt vaisseaux qui luttent les uns contre les autres ; les adversaires s'attaquent avec des flèches enflammées, de sorte qu'ils vont s'incendier mutuellement... Ah! c'est un beau spectacle que la réverbération des flammes dans l'eau; et puis, au moins, il y a diversité dans la mort des martyrs : les uns courent de la proue à la poupe; les autres essayent de grimper au haut des mâts ; les autres s'élancent à l'eau... Ah! voilà qui est bien : l'eau est peuplée de caïmans, de requins et de crocodiles! c'est un progrès sur Claude. Claude avait inventé l'eau et le feu; mais il n'avait pas inventé les crocodiles, les requins et les caïmans. Mettons cinq cent mille chrétiens tués à coups de flèches, de lances et de javelots, brûlés dans les fournaises, cuits dans l'huile, déchirés par les lions, les tigres et les léopards, foulés aux pieds par les éléphants et les hippopotames, éventrés par les taureaux et les rhinocéros, rôtis sur les vaisseaux, ou mangés par les caïmans, les requins et les crocodiles. Cinq cent mille, ce n'est pas beaucoup; mais aussi Domitien n'a que quarante-cinq ans lorsqu'il est assassiné par Étienne, l'affranchi de l'impératrice. S'il vivait plus longtemps il ferait mieux! d'ailleurs, ce qu'il n'a pas fait, Commode le fera. — Viens donc ici, fils de Marc-Aurèle, Hercule romain, tueur de lions qui ajoutes au plaisir de voir tuer celui de tuer toi-même. Tu descendras sept cents fois dans le cirque, fils de Jupiter! Il en coûtera bien, chaque fois, la vie à cinq cents chrétiens : c'est trois cent cinquante mille martyrs à joindre aux cinq cent mille de Domitien, aux trois cent mille de Néron; en tout, *onze cent cinquante mille!* — Quand je te disais, Jésus, que tu pouvais compter par millions!... Compte, compte, Jésus!

Jésus tomba sur ses deux genoux, les bras écartés, le visage couvert de sueur et de larmes, tremblant, frissonnant, pâlissant, disant :

— Mon père, si c'est possible, que ce calice s'éloigne de moi!... Mon père, tout vu est possible : éloignez de moi ce calice !

Puis, se recueillant, et sentant la main de Satan près de s'étendre sur le monde :

— Cependant, mon père, s'écria-t-il, que votre volonté soit faite sur la terre comme dans les cieux !

Satan fit un éclat de rire plus terrible et plus douloureux que son premier rugissement.

Et l'on entendit de douces voix qui chantaient dans les airs :

« Elle est écoulée, la deuxième heure d'angoisses, la deuxième heure d'épreuves, la deuxième heure des souffrances sublimes qui doivent donner la paix à l'univers ! »

C'était le chœur des anges, qui se réjouissaient de ce que Jésus n'avait pas succombé.

Ces douces voix séchèrent la sueur qui tombait du front du Christ, et tarirent les larmes qui coulaient de ses yeux.

— As-tu encore quelque chose à me dire? demanda Jésus.

— Si j'ai encore quelque chose à te dire! s'écria Satan; par l'enfer, je crois bien! j'ai à causer avec toi des hérésies... Ah! c'est pour les hérésies, cœur sensible! que je réclame toute ton attention.

Jésus ne put retenir un gémissement.

— Oh! sois tranquille, dit Satan, tu sais que je n'ai plus qu'une heure : je serai donc forcé d'abréger et de ne prendre que ce qu'il y a de mieux.

Tiens, voici ma liste, tu vois qu'elle est courte.

Satan étendit le bras, et, sur les murs de la grotte, Jésus put lire en lettres de flamme :

*Ariens, — Vaudois,
Albigeois, — Templiers, — Hussites,
Protestants.*

TROISIÈME HEURE.

Il se fit un instant de silence pendant lequel on entendit siffler le vent à travers le feuillage métallique des oliviers.

Ce vent semblait chargé de toutes sortes de plaintes, de cris, d'imprécations ; c'était la voix des démons qui répondait à celle des anges.

Un voile de deuil semblait s'être

étendu sur la création depuis que Satan avait souri d'espérance.

— Voyons, dit le tentateur, commençons par le commencement. — Nous sommes dans l'avenir, l'an 336 de ton calendrier. Arius s'est établi en 312 à Alexandrie, où il a prêché une doctrine nouvelle et passablement impertinente; heureusement, la liberté de discussion existe encore! Les premiers Pères et les docteurs, conformément à l'avis de saint Paul, ont décidé que l'hérétique doit être averti d'abord, puis, s'il persiste dans son erreur, retranché de l'Église, c'est-à-dire de la société des chrétiens. — L'excommunication est encore la seule peine prononcée contre les dissidents. — Il est vrai que les Pères de l'inquisition, embarrassés, plus tard, par cette trop grande douceur de l'Église envers les hérétiques des premiers siècles, déclareront, au nom du Saint-Esprit, que, si l'orthodoxie se montra d'abord si tolérante, c'est qu'elle n'était pas la plus forte ; l'aveu est naïf, comme tu vois, pour des disciples de saint Dominique ! mais il faut convenir aussi que cet Arius est un grand coquin qui scandalisera les siècles à venir... Sais-tu, — en supposant toujours que nous vivions en l'an 336, — ce que cet Arius dit de toi ? Il combat la Trinité ; il prétend que tu n'existais pas dès le commencement ; il soutient que tu ne fais pas un avec ton père ; il a découvert que tu n'étais qu'une simple créature tirée du néant, ni plus ni moins que ce pauvre Lazare, qui, depuis que tu l'as ressuscité, va se cognant à tous les arbres, et se heurtant à toutes les pierres, ne pouvant se persuader à lui-même qu'il est bien vivant. — Et le pis de tout cela, c'est qu'il s'en faudra seulement de trois voix pour que le concile de Nicée se prononce en faveur d'Arius, et contre toi! Or, regarde un peu que de peines perdues, si ces trois voix, au lieu d'être pour la consubstantialité, avaient été pour la non-consubstantialité! Voilà que tu ne serais plus Dieu; c'est effrayant à penser! Mourez donc pour l'humanité, afin que l'on vous proclame Dieu à la majorité de trois voix seulement!... Par bonheur, cet Arius, qui se fera absoudre de trois autres conciles, — ce qui, soit dit en passant, infirme quelque peu la décision du premier, — cet Arius, qui en arrivera à se faire rappeler de l'exil par Constantin, et à devenir son favori, mourra de mort subite au moment où l'empereur donnera l'ordre à Alexandre, patriarche de Constantinople, de le remettre en possession de ses fonctions sacerdotales! Tu penses bien, du reste, qu'un homme sur lequel le monde a les yeux tournés ne meurt pas ainsi, tout vivant, sans que sa mort fasse grand bruit. Les hérétiques qui suivent sa détestable doctrine diront qu'il est mort empoisonné; les orthodoxes qui suivent le vrai chemin diront que sa mort est un miracle accordé par Dieu à la prière de l'évêque Alexandre... Quel évêque, dis-donc, Jésus, que celui qui demande dans ses prières la mort d'un ennemi! et quel Dieu, dis donc, Christ, que celui qui l'accorde ! Toi, Jésus, qui prétends ne faire qu'un avec ce Dieu, n'as-tu pas dit, au contraire : JE NE VEUX POINT LA MORT DU PÉCHEUR ; JE VEUX QU'IL SE CONVERTISSE ET QU'IL VIVE ! Aussi, la mort d'Arius fait plus de bien que de mal aux ariens. Le voilà martyr : sa doctrine s'incarne dans les grandes races barbares ; elle fond sur l'Europe avec les Goths, les Burgundes, les Vandales et les Lombards ; ta divinité, ô Christ ! reconnue à la majorité de trois voix, au concile de Nicée, est niée par la moitié du nouveau monde chrétien ! Les haines et les rivalités de ces hordes sauvages se retranchent derrière les questions de foi, comme derrière un bouclier ; les hommes n'ont plus de remords en s'entretuant : ils s'entre-tuent, les uns pour prouver que tu es Dieu, les autres pour prouver que tu ne l'es pas... Le premier mot de ta bouche, à ta venue sur la terre, avait cependant été, ô Christ : GLOIRE A DIEU DANS LE CIEL, ET PAIX SUR LA TERRE AUX HOMMES DE BONNE VOLONTÉ! Je ne sais pas dans quel état sera le ciel à cette époque, ô doux Jésus! mais regarde la terre, — un champ de carnage! Des ariens naîtront les sociniens. Vois d'ici la flamme de ce bûcher éclairant les murs d'une ville, et se réfléchissant dans un lac : la ville, c'est Genève; le bûcher, c'est celui de Michel Servet!

Jésus poussa un soupir, et passa sa main sur ses yeux.

— Ah! tu crois que nous sommes arrivés? dit Satan feignant de se tromper à l'impression de Jésus; tu crois que nous avons sauté par-dessus huit ou dix siècles, les mains vides et les yeux fermés? Avant d'en venir là, nous avons quelques jolis petits massacres à enregistrer : *enregistrons*, comme dirait ton ami Matthieu le Péager.—Chassées par les guerres religieuses et les bouleversements de l'Église, quelques familles chrétiennes, vers le x° siècle, s'implanteront, comme des fleurs sauvages, dans les gorges les plus reculées des Alpes; elles vivront, là, pures, simples, ignorées, à l'abri de leurs rocs, qu'elles croiront inaccessibles; leur âme sera fière comme l'aigle qui fend l'azur du ciel; leur conscience sera blanche comme la neige qui couronne ces monts qu'on appellera le mont Rosa, le mont Viso, et qui sont les frères européens de l'Oreb et du Sinaï. L'Israël des Alpes, c'est le nom que se donnera à elle-même cette Église aux mœurs austères, à la robe sans couture; l'esprit, les usages, les rites des premiers chrétiens ne seront réellement conservés que parmi les *pauvres* et les *gueux* de Lyon; car les vaudois s'appelleront ainsi eux-mêmes par humilité. L'Évangile sera leur loi; le culte qui découlera de cette loi sera le moins compliqué de tous les cultes humains : ce sera le lien d'une communauté fraternelle dont les membres se rassembleront pour prier et pour aimer. Leur crime — car il faudra bien un prétexte — leur crime sera de soutenir qu'en dotant de grandes richesses les papes et l'Église, Constantin a corrompu la société chrétienne; et ils s'appuieront sur deux paroles sorties de ta bouche ; la première : LE FILS DE L'HOMME N'A PAS UNE MAISON OU REPOSER SA TÊTE ; la seconde : IL EST PLUS DIFFICILE A UN RICHE D'ENTRER DANS LE ROYAUME DU CIEL QU'A UN CHAMEAU DE PASSER PAR LE TROU D'UNE AIGUILLE. Eh bien ! il n'en faudra pas davantage pour attirer sur ce peuple de frères les rigueurs d'une sainte institution tout fraîchement établie, et qu'on appellera l'inquisition. Leurs prêtres, vieillards à barbes blanches, et que pour cette raison l'on nommera les *barbas*, représenteront en vain qu'ainsi que tu as recommandé de le faire, ils payent fidèlement le tribut à César ; qu'ils vivent inoffensifs entre la prière et l'aumône ; que le premier venu est aussi prêtre qu'eux, — car ce sera un de leurs dogmes, que tout chrétien peut faire le corps et le sang de Dieu, — l'inquisition frappera les pasteurs, et les brebis se disperseront ; mais on les poursuivra jusque dans les cavernes ; femmes, enfants, vieillards, tout tombera sous le glaive de tes ministres, c'est-à-dire des ministres de celui qui, dans une heure, dira à Pierre : REMETTEZ VOTRE ÉPÉE AU FOURREAU ; CELUI QUI FRAPPE PAR L'ÉPÉE PÉRIRA PAR L'ÉPÉE. Poursuivis, traqués, ils diront aux montagnes : « O montagnes ! entr'ouvrez-vous pour nous recevoir ! » mais, dans les flancs ténébreux de ces mêmes Alpes, ils rencontreront la main du saint office et l'épée altérée de carnage ! Tiens, vois-tu, là-bas, ces deux flaques de sang : l'une s'appelle Cabrières, et l'autre Mérindol... Regarde ces taches noires empreintes comme des traces de foudre sur ces rochers sanglants : après avoir consumé le bûcher, après avoir dévoré les hommes, le feu mordra le granit... Compte, si tu le peux, tout Dieu que tu es, le nombre des victimes ; je me suis chargé de compter les martyrs de Néron, de Domitien et de Commode ; mais je ne me charge pas de compter ceux de saint Dominique, de Pierre de Castelnau et de Torquemada ! Le carnage durera trois siècles, et, quand il s'éteindra, c'est que ta parole même s'effacera sur la terre !

Jésus se détourna en soupirant.

— Attends, dit l'ange du mal, je n'ai pas fini avec les Vaudois : ils ont, dans le midi de la France, des frères qu'on appellera les Albigeois, des frères qui seront maltraités comme eux pour avoir voulu associer tes doctrines à celles de Manès. Ceux-là, non-seulement nieront ta divinité, ainsi qu'auront fait les ariens, mais encore ils nieront ta chair ; ta chair qui va être déchirée lambeaux à lambeaux sous les verges des soldats, trouée par les clous, percée par la lance ! Comprends-tu ces hommes pour lesquels tu auras souffert ce que tu vas souffrir, et qui nieront la souffrance en niant la chair ! Pour eux, tu n'es qu'un fantôme, une ombre sans corps, une apparence sans réalité ; tu n'as pas pris une forme véritable dans le sein de la vierge Marie ; tu as paru naître, vivre et mourir, voilà tout. Tu passeras, parmi eux, pour n'avoir point racheté la matière du terrible anathème prononcé contre elle; ce qu'il y a de sublime en toi, c'est-à-dire la douleur, ils le nieront. Les sacrements de ton Église seront repoussés par eux comme des signes sensibles et, dès lors, sans efficacité; et, ce qu'il y a de curieux, c'est que ces *adorateurs de la vérité et de l'esprit*, comme ils s'appelleront eux-mêmes, s'appuieront sur ces paroles de ton Évangile : LE JOUR VIENT, ET IL EST DÉJA VENU, OU LES HOMMES N'ADORERONT PLUS DIEU A JÉRUSALEM NI SUR LA MONTAGNE, MAIS OU ILS ADORERONT MON PÈRE EN ESPRIT ET EN VÉRITÉ. Sur la foi de cet oracle, ils rejetteront donc le culte et les cérémonies extérieurs. Qu'auront-ils, d'ailleurs, besoin des grandeurs dramatiques du temple romain, ces enfants de la Gascogne et de la Provence, pour lesquels le ciel même est le reposoir de Dieu, en vertu de cette parole que tu as eu l'imprudence de prononcer : NE JUREZ PAS PAR LE CIEL, PARCE QUE C'EST LE TRÔNE DE DIEU? Oh! Jésus, Jésus, à la droite de ton père où tu seras assis, jamais tu n'auras encore entendu monter de la terre au ciel concert de plaintes et de gémissements pareil à celui qui sortira de ces belles et riantes contrées où les châteaux étaient si bien gardés, où les hommes étaient si poëtes, où les femmes étaient si belles! Ce n'est pas seulement une secte que la sombre croisade noiera dans le sang des Albigeois, écrasera sous les décombres de leurs villes : c'est une civilisation, une littérature, une langue. Trois cités puissantes : Béziers, Lavour, Carcassonne, tomberont dans ce tourbillon de feu qui parcourra tout le midi de la France, et s'y fondront comme des métaux dans la fournaise! Entends-tu, au milieu des femmes éventrées, au milieu des enfants arrachés à la mamelle de leur mère, et des vieillards brûlés dans leurs maisons, entends-tu un des tiens crier en frappant avec le crucifix, — car les armes tranchantes sont interdites aux mains sacrées : « Tuez! tuez toujours! tuez orthodoxes et hérétiques! Dieu reconnaîtra les siens!... » Et, orthodoxes et hérétiques, tout y passera, au bruit des cloches qui sonneront l'agonie de deux cent mille hommes; puis, sur les cadavres de Lavour, de Carcassonne et de Béziers, qui fument encore, les prêtres entonneront l'hymne : *Veni, creator*

Spiritus! A quoi donc, ô Christ ! t'aura servi de réprimander les disciples qui appelaient le feu du ciel sur cette ville de la Samarie dont les habitants ne voulaient pas te recevoir?

Et il semblait à Jésus qu'il entendait ces plaintes des mourants, ces cris des mères, ce râle des vieillards, et que, sous le glas des cloches sonnantes, il voyait ce sang, cet incendie, ces ruines!

Il essuya son front de ses deux mains, et poussa un gémissement plus profond, plus triste, plus suppliant que tous ces gémissements qu'il lui semblait entendre.

Le flot des douleurs humaines montait jusqu'à lui à la voix de l'ange du mal, et passait sur son âme comme les flots d'une sombre marée.

Mais, excepté ce gémissement, excepté cette sueur, rien n'indiquait que le divin Sauveur fût près de faiblir.

Satan continua.

— Attends, Jésus, voici venir les templiers. Ceux-là seront des chevaliers armés en ton nom ; ils disputeront aux infidèles et aux vents du désert, ton sépulcre, les lieux où furent ton berceau, les ruines du temple que tu as offert de rebâtir en trois jours s'il était détruit. De leur commerce perpétuel avec l'Orient, de leurs voyages, de leurs conquêtes, ils rapporteront les débris d'anciens cultes qu'ils mêleront secrètement avec ta doctrine ; dans des cérémonies sombres et inconnues comme les mystères égyptiens, ils vénéreront une idole aux traits symboliques, et le chandelier à sept branches qui figurera au triomphe de Titus. Si celé que soit le bruit de ces initiations, il se répandra par le monde; les craintes que le courage des templiers inspirera, même à l'Église; le désir de s'emparer de leurs immenses trésors, la jalousie des ordres religieux, la rivalité des institutions militaires, tout conspirera leur perte. On n'a aucune preuve contre eux, soit; la torture en fera : ils avoueront, rétracteront leurs aveux, et mourront sur le bûcher. Ton pape, cité par eux à comparaître devant ton trône, y comparaîtra en effet... Comment jugeras-tu ce représentant visible de la divinité, toi qui as dit : N'ACHEVEZ PAS LE ROSEAU BRISÉ ! N'ÉTEIGNEZ PAS LA MÈCHE QUI FUME ENCORE ! — Écoute, Jésus, écoute ce chant si profondément triste qui vient à nous du côté de la Bohème. Un homme naîtra, du nom de Jean Huss ; il attaquera en termes amers l'avarice des gens d'Église, comme toi, Jésus, tu as déchiré, de ton temps, l'orgueil des prêtres, des pharisiens et des docteurs, en disant : MALHEUR A VOUS QUI, SOUS LE PRÉTEXTE DE VOS LONGUES PRIÈRES, DÉVOREZ JUSQU'AUX MAISONS DES VEUVES! Il voudra laver de son sang les souillures de ton Église, comme tu auras voulu laver du tien les péchés de l'humanité ; il aura besoin de mourir pour le repos de sa conscience ; or, c'est toujours chose facile que de mourir. Tes prêtres l'emprisonneront, le jugeront, le brûleront, lui et son disciple, Jean de Prague ; sur son bûcher, il te prendra à témoin qu'il meurt pour ta cause, ô

Jésus ! et, afin de convaincre tes prêtres d'imposture, au moment où la flamme gagnera le bûcher, il regardera le ciel, et, dans une sorte de vision prophétique, il s'écriera humblement et tristement : « Aujourd'hui, vous étouffez la pauvre oie ; mais, dans cent ans, un beau cygne blanc viendra, que vous ne pourrez pas étouffer. » Ce beau cygne blanc, ce sera Luther. La pauvre oie expirera, en effet, dans les flammes ; mais le vent dispersera les cendres du bûcher, et, de ces cendres, sortira la formidable guerre des hussites. — *A nous la coupe !* c'est le cri de ralliement ; et, à ce cri, la Bohême tressaille. Les prêtres avaient confisqué une moitié de toi-même : ils s'étaient réservé le calice, laissant ainsi entre eux et le peuple la distance de l'infini; c'est contre ce privilége que se soulève la Bohême, en réclamant la communion sous les deux espèces. Ah! ce sera une guerre terrible ; et, si elle t'attriste, toi, l'agneau du Seigneur, elle réjouira fort le Dieu des armées, le Dieu vainqueur, le Dieu triomphant! Calixtins et taborites combattront d'abord sous la même bannière : la Bohême, l'Allemagne et l'Italie trembleront devant eux; après des prodiges d'audace, de foi et de dévouement pour leur cause, décimés, écrasés, trahis, ils laisseront les derniers débris de leur dernière armée dans une grange à laquelle on mettra le feu, afin que pas un de ces hérétiques n'en échappe, — et pas un n'en échappera! Que penses-tu de la mort de ces hommes, égorgés par les ordres du pontife romain pour avoir voulu communier sous les deux espèces, ô Christ! toi qui as dit à tes disciples, il y a deux heures à peine, en leur présentant le pain et le vin : PRENEZ, CECI EST MON CORPS; PRENEZ, CECI EST MON SANG : MANGEZ ET BUVEZ-EN TOUS?... Ah! tu frissonnes! ah! tu trembles, Jésus! ta sueur redouble et devient une sueur de sang... Regarde tes mains, elles sont rouges comme celles de tes prêtres, de tes pontifes, de tes papes! Oh! les belles mains, et comme elles réjouissent l'œil d'un démon!

— Oui, dit Jésus; mais ce sang, c'est le mien : il coule, non pas sur mes souffrances, mais sur celles de l'humanité; et mon père, qui le voit couler, me donne la force de lui dire : « Ne considérez pas mes douleurs, ô mon père!

et que ces douleurs n'arrêtent pas votre miséricorde dans la voie qu'elle s'est tracée. »

— *Amen!* dit Satan. Continuons. — Cent ans après la mort de la pauvre oie, le cygne qui devait naître, naîtra et chantera. Il s'indignera du commerce des indulgences que tes pontifes auront introduit dans l'Église ; il poussera le cri de guerre contre Rome : à ce cri, les consciences répondront... Les races du Nord rêveront d'assouvir une seconde fois leur haine contre la ville éternelle, et de prendre le Vatican, comme elles ont pris le Capitole ; le chef spirituel de cette seconde invasion de barbares sera un moine à la face amaigrie par le jeûne, à l'œil rongé par le doute, au front pâli par les veilles. L'hérésie enfantera l'hérésie : au sein de la liberté de discussion, les sectes pousseront sur les sectes; alors, cent mille paysans, conduits par Thomas Munzer, un de tes prêtres, blanchiront de leurs os les plaines de la Franconie. Allons! courage! en avant, chrétiens contre chrétiens! réformés contre réformés! hérétiques contre hérétiques! ce sera l'extermination que ton disciple bien-aimé, saint Jean, prédira dans l'Apocalypse, cette vision de mort, qui n'aura pas pu lui faire voir même en rêve l'ombre de la sanglante réalité! Après les paysans conduits par Thomas Munzer, viendront les anabaptiste conduits par Jean Becold, Jean Bockelson, ou Jean de Leyde, comme tu voudras l'appeler. L'ancien tailleur d'habits, l'ex-aubergiste, ô Christ! renouvellera en ton nom les déportements de David et de Salomon : comme eux, il sera roi; comme eux, il aura des courtisanes et des repas qui iront du soir au lendemain, depuis le jour jusqu'au jour; Sardanapale de l'Occident, il dira : « Le plaisir est Dieu! » puis, enfin, il sera pris, écorché, brûlé dans une cage de fer; sa ville de Munster sera visitée par la famine et par le glaive, ses partisans dispersés, égorgés, pendus, roués, écartelés! Ceux-là, du moins, n'auront pas à se plaindre : ils auront fêté la vie et bu la coupe, jusqu'à ce que, selon ta promesse, ils la boivent avec toi dans le royaume de ton père. — Mais les malheureux frères moraves! pour ceux-là, il y a péché, foi de Satan! eux qui n'auront eu d'autres jouissances sur la terre que la mortification et le cilice ! eux qui vivront, qui prieront, qui travailleront en commun comme les chrétiens des premiers temps ! Et, cependant, ils n'en seront pas moins en abomination parmi les autres chrétiens ; on les traitera en ennemis publics, et ils seront jugés, condamnés, chassés, détruits. La réforme elle-même ne trouvera point grâce aux yeux de ceux qui règnent sur les consciences; mais, aussi, voyons un peu ce qu'elle veut, cette réforme maudite qui s'avance en criant : « Jésus ! Jésus ! » Ah ! elle veut remplacer la messe, dont tu n'as pas dit un mot, par la communion fraternelle, que tu as instituée; elle veut, en outre, rétablir le mariage des prêtres, en honneur dans la primitive Église. Viens, réforme ! viens ! Jé-

sus veut te voir avec tous tes enfants :
luthériens, huguenots, calvinistes, protestants, parpaillots, tous ceux, enfin,
qui ont tâté de la vache à Colas ! Écartez-vous, murailles ! ouvrez-vous, montagnes ! abaissez-vous, flots de la mer !
que le Rédempteur du monde jette un
coup d'œil sur l'Occident ! Qu'est-ce
que cela ? pourquoi tant de sang, de feu,
de fumée ? Pourquoi tous ces gibets,
tous ces échafauds, tous ces bûchers,
toutes ces ruines, tous ces calvaires ?...
Ah ! le Golgotha s'allonge, s'élargit, se
déroule, s'étend ; il couvre l'Europe depuis les sources de l'Oder jusqu'à la
mer de Bretagne, depuis la baie de Galway jusqu'à l'embouchure du Tage...
C'est ce qu'on appellera la guerre de
quatre-vingts ans : elle commencera par

le sac de la cathédrale d'Anvers, et finira par la chute de la tête de Charles I‍ᵉʳ.

— Tiens, regarde, voilà l'Angleterre qui brûle ; c'est la sanglante Marie qui y met le feu ; tiens, voilà l'Espagne qui flambe ; c'est Philippe II qui l'allume ! Ah ! vous êtes bien dignes d'être unis par le saint sacrement du mariage, tigresse du Nord et démon du Midi !... Au feu ! c'est l'Écosse qui brûle ! au feu ! c'est l'Irlande qui brûle ! au feu ! c'est la Bohême, la Flandre, la Hongrie, la Westphalie qui brûlent ! au feu, c'est la France qui brûle à son tour ! Vive saint Barthélemy, ton apôtre ! j'espère que le roi Charles IX lui fait une belle fête ! Vois-tu ce pieux monarque sur le balcon de son palais, une arquebuse à la main, chassant au calviniste, au luthérien, au huguenot? Belle trinité de rois, sur ma parole de démon! chacun va se baigner à son aise, et se désaltérer à sa soif : Marie Tudor a du sang jusqu'aux genoux; Philippe II, jusqu'à la ceinture; Charles IX, par-dessus la tête... En restera-t-il pour Louis XIV? C'est tout au plus!

Et, comme Jésus, gémissant, cachait son visage entre ses mains, Satan s'élança, et écarta violemment les deux mains du Christ.

— Mais regarde donc! lui dit-il.

Le Christ regarda; mais il ne put voir : il était aveuglé par une sueur de sang!

Alors, ses forces l'abandonnèrent, et il tomba la face contre terre en disant :

— Mon Dieu, Seigneur! prenez ma vie jusqu'au dernier battement, mon haleine jusqu'au dernier souffle, mon sang jusqu'à la dernière goutte; doublez, décuplez, centuplez mes tortures; mais que votre sainte volonté s'accomplisse, et non celle de mon infernal tentateur!

Satan jeta un cri terrible, et bondit hors de la grotte qui s'éclaira peu à peu d'une lumière céleste, tandis que les anges chantaient :

« Elle est écoulée, la troisième heure d'angoisses, la troisième heure d'épreuves, la troisième heure des souffrances sublimes qui doivent donner la paix à l'univers! Gloire à Jésus sur la terre! gloire au Seigneur dans les cieux! »

Pour la seconde fois, Satan était vaincu!

CHAPITRE X.

LE BAISER.

Comme la vierge Marie l'avait pensé, lorsqu'elle s'était voilé la tête pour ne pas voir passer Judas, celui-ci n'avait quitté le cénacle que pour aller livrer son maître.

Le conseil des prêtres et des anciens avait été invité par Judas à se réunir dans la nuit; le traître avait promis de revenir sans dire à quelle heure il reviendrait : il ignorait lui-même quand et comment il serait libre ; tout dépendrait des circonstances ; Judas prendrait conseil de la situation.

Dès huit heures du soir, les principaux ennemis de Jésus étaient réunis chez Caïphe, chargé de la convocation. Anne avait choisi d'avance les hommes sur lesquels il savait pouvoir compter. — Ceux-là, l'histoire nous a conservé leurs noms : c'étaient Anne, le beau-père de Caïphe, et sept ou huit autres princes des prêtres ou membres du conseil ; ils s'appelaient Summus, Dathan, Gamaliel, Levi, Nephtali, Alexandre, Syrus. Quant à Nicodème et à Joseph d'Arimathie, qui, la veille, avaient parlé en faveur de Jésus, on s'était bien gardé de les prévenir.

Les personnages rassemblés chez Caïphe attendaient depuis plus d'une heure, prêtant, avec l'attention de la haine, l'oreille à chaque bruit qu'ils entendaient ; et quelques-uns déjà secouaient la tête en disant: « Cet homme a promis plus qu'il ne pouvait tenir, il ne viendra pas! » lorsque, tout à coup, la tapisserie de la porte se souleva, et Judas parut.

Il y avait cent pas, au plus, de la maison où Jésus faisait la cène à la maison de Caïphe; ce n'était donc ni la longueur ni la rapidité de la course qui couvraient de sueur le visage de Judas.

Judas, en franchissant le seuil du palais de Caïphe, avait eu, non pas un remords, mais un doute. Ce Jésus qui avait si bien lu dans son âme, ce prophète qui avait les anges à ses ordres, ne serait-il pas véritablement au-dessus de la nature des autres hommes?

Judas était prêt à l'homicide, mais non au déicide.

Par malheur, au moment où il hésitait au seuil de la porte, ne sachant s'il devait retourner en arrière ou continuer son chemin, la porte s'était ouverte, et un valet du grand prêtre nommé Malchus, envoyé par son maître afin de voir si Judas venait, s'était trouvé face à face avec celui-ci, et, le reconnaissant pour l'homme qui lui était désigné :

— Entrez, avait-il dit, on vous attend.

Puis, tirant Judas dans le vestibule, il avait fermé la porte derrière lui.

L'abîme était franchi! cette porte,

c'était la porte infernale de Dante ; cette sueur qu'essuyait Judas en entrant chez Caïphe, c'était celle de l'homme qui vient de laisser toute espérance.

Les prêtres poussèrent un cri de joie en apercevant Judas.

— Eh bien ? demandèrent en même temps deux ou trois voix.

— Eh bien ! dit Judas, me voici.

— Et prêt à tenir ta promesse ?

— Serais-je venu sans cela ?

— Où est Jésus ?

— A cent pas d'ici, dans la maison qu'Heli, beau-frère de Zacharie d'Hebron, loue de Nicodème et de Joseph d'Arimathie.

— Et que fait-il dans cette maison ?

— La pâque.

— Mais ce n'est pas aujourd'hui la pâque.

— Qu'importe à Jésus! n'est-il pas venu pour renverser ce qui est, et pour établir ce qui n'est pas? Celui qui guérit le jour du sabbat peut bien faire la pâque le jeudi.

— Eh bien, dit Caïphe, vous entendez: il est à cent pas d'ici; je vais donner l'ordre qu'on l'arrête.

— Gardez-vous-en bien! dit Judas; il est dans une maison qui ressemble à une forteresse; il a autour de lui cinquante ou soixante disciples dévoués; tout le monde est encore debout à Jérusalem; il n'aurait qu'un cri à pousser pour appeler à lui tous ses partisans : nous sommes à quelques centaines de pas seulement du faubourg d'Ophel,

dont les habitants sont tout à lui....
L'arrêter maintenant, et où il est, c'est
mettre le feu à Jérusalem.

— Que faire, alors? demanda Caïphe.

— Écoutez, dit Judas : dans une heure, il quittera la maison du cénacle; quelques-uns de ses disciples seulement l'accompagneront, — ceux qui font la pâque avec lui, selon toute probabilité. Je sais où il va chaque nuit : donnez-moi vingt hommes bien armés, et je vous livre Jésus.

— Sera-t-il donc seul?

— Non; il sera au milieu de ses disciples, mais loin de la ville et loin de tout secours.

— Mais, s'il a une troupe de disciples avec lui, et que tu n'aies que vingt soldats, il y aura probablement résistance, et, pendant la lutte, Jésus peut s'échapper.

— Les disciples sont, à l'exception de Pierre, des hommes doux et craintifs : il n'y aura pas de lutte.

— Dans la nuit, au milieu d'autres hommes, comment les soldats reconnaîtront-ils Jésus?

— Jésus sera celui que j'embrasserai, dit Judas.

Les membres du conseil frissonnèrent malgré eux aux paroles de cet homme, qui trahissait, comme les autres caressent, par un baiser!

— Bien, dit Caïphe; voici ce que le conseil te donne pour ta récompense.

Et le grand prêtre tendit à Judas un sac de cuir dans lequel il y avait trente pièces d'argent.

— Avant de rien recevoir, dit Judas, je désire une promesse.

— Laquelle?

— C'est que je serai libre, que les soldats ne me suivront que de loin, qu'ils s'arrêteront à l'endroit où je leur dirai de s'arrêter, que je rejoindrai seul les autres disciples, et que c'est au bout d'un quart d'heure seulement que je les aurai joints qu'on se présentera pour arrêter Jésus.

— Les soldats auront ordre de t'obéir.

— C'est bien, dit Judas.

Alors, s'approchant du grand prêtre, il prit de ses mains le sac de cuir.

— Et, maintenant, dit-il, cet argent est à moi, n'est-ce pas?

— Ce sont les arrhes du marché qui

vient d'être conclu. Une fois le faux prophète entre nos mains, le conseil verra à proportionner la récompense au service.

— Ce n'est pas cela que je demande, dit Judas; je demande si cet argent est bien à moi, et si je puis en disposer.

— Il est à toi, et tu peux en disposer.

— Eh bien, pour vous prouver, dit Judas, que ce n'est point par cupidité, mais que c'est par conviction que j'agis, reprenez cet argent, et donnez-le de ma part au temple.

Mais Caïphe, repoussant à la fois la main et le sac que le traître tendait vers lui :

— Gardez cet argent, dit-il, il ne peut être consacré au temple : c'est le prix du sang.

Judas devint livide; son sourcil roux se fronça; il mit la bourse dans sa ceinture :

— C'est bien, dit-il. A minuit, je reviendrai.

— Non, répondit Caïphe, en faisant un signe aux autres membres du conseil, mieux vaut que vous attendiez ici.

— J'attendrai, dit Judas.

Et il alla s'asseoir sur un banc, à l'autre extrémité de la salle, où il resta jusqu'à minuit sans dire un mot, sans faire un mouvement.

Les princes des prêtres et les membres du conseil passèrent ce temps à causer entre eux à voix basse.

Parfois, l'un ou l'autre jetait les yeux sur Judas, et le retrouvait immobile, muet et à la même place.

A minuit, le décurion qui devait commander les vingt archers entra et annonça que lui et ses hommes étaient prêts.

Alors, tout haut, Caïphe lui ordonna d'obéir sans réserve à Judas ; mais, tout bas, il lui dit :

— Ne perdez pas de vue cet homme, et défiez-vous de lui !

Judas se retourna et surprit le regard de Caïphe, peut-être même quelques-unes de ses paroles ; mais il sembla n'avoir rien vu, rien entendu.

— Venez, dit-il.

Et il marcha le premier.

Pendant que Judas, en tête des vingt soldats, s'avançait vers la porte des Eaux, la troisième heure de la tentation de Jésus s'accomplissait

Jacques, Pierre et Jean avaient, comme nous l'avons dit, quitté leur maître à la porte du jardin des Oliviers, et, après l'avoir un instant suivi des yeux à travers le pâle et luisant feuillage de l'arbre de Minerve, ils s'étaient assis, avaient ramené leurs manteaux sur leurs têtes, comme ont habitude de le faire les Orientaux qui dorment ou qui prient, et, brisés de fatigue, écrasés de tristesse, ils s'étaient peu à peu laissés aller au sommeil.

Jean se réveilla le premier au contact d'une main qui se posait sur son épaule; puis, rejetant son manteau en arrière, il leva la tête et poussa un cri.

A ce cri, les deux autres disciples se réveillèrent à leur tour, et regardèrent.

La lune, perdue dans un océan de

nuages contre lequel elle luttait, jetait une lueur blafarde, suffisante, cependant, pour éclairer les objets.

Jésus était debout près des apôtres; mais, si Jean l'avait reconnu, c'était à l'aide de son cœur : à l'aide de leurs yeux, les autres pouvaient à peine le reconnaître.

Le doux et calme visage du Christ était bouleversé par la douleur, pâle jusqu'à la lividité, et sillonné d'une sueur sanglante qui se perdait dans sa barbe rougie; ses cheveux étaient collés ensemble, et dressés sur sa tête. Il restait la main posée sur l'épaule de Jean, non plus pour le réveiller, mais pour chercher un appui, car il semblait près de défaillir.

— Oh! maître, s'écria Jean, le soutenant entre ses bras, que vous est-il donc arrivé ?

— Levez-vous et venez, dit Jésus, car voici l'heure que je vous ai prédite, où je vais être livré à mes persécuteurs.

Alors, Pierre et Jacques se levèrent vivement.

— Maître, dit Pierre, voulez-vous que j'appelle les autres disciples ? Nous vous sommes, tous les onze, dévoués jusqu'à la mort; nous pouvons résister, nous défendre, combattre, et, quant à moi...

L'apôtre leva son manteau, et montra une courte épée.

— Quant à moi, j'ai à mon côté la mort du premier qui osera étendre la main sur vous !

— Non, Pierre, dit Jésus avec tristesse; n'en faites rien, car tout ce qui va arriver est résolu d'avance dans la volonté de mon père et dans la mienne. Tandis que vous dormiez, j'ai eu mon agonie, dans laquelle plus d'une fois la force a failli m'abandonner..... Voyez comme je suis faible; voyez comme je suis pâle; voyez comme mes cheveux et ma barbe sont collés par une sueur de sang : tout cela vous est une preuve que la lutte a été longue, opiniâtre, acharnée! Mais, avec l'aide de mon père, — Jésus leva au ciel un regard de reconnaissance, — la victoire a suivi la lutte! Arrivent maintenant la torture, le supplice et la mort, je suis prêt... Venez donc, comme je vous l'ai dit.

Et Jésus fit quelques pas du côté de Gethsemani.

Pierre ne répondit rien; mais, se plaçant derrière son maître, comme pour marcher à sa suite avec Jacques, il s'assura que son épée jouait librement dans le fourreau.

Le sentier était si étroit, qu'à peine deux hommes pouvaient marcher de front. Jésus s'avança le premier, ainsi que nous avons dit, d'un pas lent et faible, appuyé sur l'épaule de Jean. — Pierre et Jacques venaient ensuite.

Ils arrivèrent de la sorte à Gethsemani; et, comme Pierre et Jacques réveillaient les autres apôtres, Jésus prit Jean à part et lui dit :

—Jean, aussitôt que je vais être aux mains des soldats, tu courras à la porte Dorée, où tu trouveras ma mère. Après mon départ, elle a été avec les saintes femmes chez Marie, mère de Marc, et, de là, comme, par une faveur spéciale, Dieu a permis qu'elle vît tout ce qui m'est arrivé, et qu'elle entendît tout ce qui m'était dit où tout ce que je disais, elle sait que je vais être arrêté, et elle accourt avec Marthe et Madeleine pour me voir à mon passage... Elle sera faible et seule... Jean, si je t'aime comme un frère, elle t'aime comme un fils : tu iras à ma mère, et tu la soutiendras!

— O mon maître! dit Jean, n'y a-t-il donc pas moyen que vous échappiez à cette mort terrible, dont la seule idée vous a tiré du front cette sueur de sang?

Et, en disant ces mots, il trempait le bas de son suaire dans un ruisseau, et lavait le visage du Christ avec la même sollicitude qu'une mère eût eue pour son enfant.

— Cette sueur que tu effaces de mon visage, mais que, par bonheur, tu n'effaceras pas de la terre, dit Jésus, ce n'est pas pour moi qu'elle a coulé, c'est pour les hommes. Quant à chercher à fuir, je t'ai déjà dit, mon bien-aimé Jean, que non-seulement je ne fuirais pas la mort, mais qu'au contraire, j'irais au-devant d'elle.

Alors, posant une de ses mains sur le bras de Jean :

— Tiens, dit-il, vois-tu cette lumière tremblante qui sort de la porte des Eaux ? C'est elle qui guide ceux qui viennent m'arrêter ; et ceux qui viennent m'arrêter sont si sûrs de ma mort, que voici quatre d'entre eux qui se détachent pour aller prendre sur le Cedron deux poutrelles servant de pont, et dont ils vont faire ma croix.

Jean éclata en sanglots, et ce fut lui, à son tour, qui devint si faible, que les jambes lui manquèrent, et que Jésus fut obligé de le soutenir.

— Allons, dit Jésus, pour que tu donnes la force aux autres, il faut que je te la donne, à toi.

Et il passa son doigt sur les paupières de l'apôtre chancelant.

Jean rouvrit les yeux, poussa un cri de joie, et tendit ses bras vers le ciel.

Le ciel était ouvert. Jean, de ses yeux mortels, voyait ce que nul n'avait vu avant lui : il voyait Dieu assis sur son trône dans sa majesté infinie, ayant au-dessus de son front l'Esprit saint; à sa droite, Jésus bénissant le monde qu'il avait sauvé; et, à sa gauche, la vierge Marie perdant une à une toutes ses douleurs dans la joie éternelle.

Au bout de quelques secondes, Jean fut forcé de fermer ses yeux éblouis, et, lorsqu'il les rouvrit, tout avait disparu.

Mais la vision resplendissait en lui-même.

Il tomba aux genoux de Jésus.

— Oh! fils de l'Éternel! dit-il, grâces te soient rendues pour m'avoir initié aux secrets des cieux, moi qui ne suis qu'un souffle éphémère de l'Esprit créateur, qu'une goutte de rosée perdue dans l'océan de l'infini! Tu as fait de moi un de ces soleils qui se lèvent dans le firmament pour éclairer ces atomes qu'on appelle des mondes; tu m'as trouvé digne de me révéler ta pensée, à moi, qui devais servir à l'accomplissement de tes desseins sans les connaître! Grâces te soient rendues, regard immense emprunté à mon maître divin, regard qui, pour quelques secondes, m'as rapproché de l'Incréé! Oui, ce bonheur qui m'inonde, les enfants d'Adam le connaîtront à leur tour, quand tu auras arraché à la mort son glaive de feu, quand finira le monde et le temps, quand commencera l'éternité!...

Et Jean resta un instant abîmé en lui-même, dans la contemplation de la vision de vie, lui à qui, soixante ans plus tard, dans l'île de Pathmos, Jésus devait envoyer la vision de mort.

Pendant ce temps, Judas et les soldats s'avançaient. A la porte des Eaux,

Judas avait voulu réaliser son projet de quitter la petite troupe, pour venir se mêler aux autres apôtres ; mais le décurion qui n'avait pas oublié la recommandation de Caïphe, étendant la main sur lui, et le touchant à l'épaule :

— Halte-là, camarade ! nous te tenons, nous ne te lâcherons pas, que tu ne nous aies livré le Galiléen.

Judas avait dévoré cette nouvelle déception, et, tiré en arrière par le décurion, avait continué sa marche au milieu des soldats.

A cent pas à peu près de Gethsemani, Judas insista de nouveau pour se séparer de la troupe qu'il conduisait, mais sans plus de succès que la première fois ; seulement, comme la défiance du décurion devenait plus grande au fur et à mesure que la montagne devenait plus solitaire et la nuit plus sombre, il prit Judas par le haut de son manteau et de sa robe; de sorte qu'il semblait que c'était Judas que l'on conduisait à Jésus, et non pas Jésus qui allait être livré par Judas.

En avant de la première maison de Gethsemani, le décurion et ses soldats aperçurent un groupe d'hommes.

— Voilà Jésus et ses disciples, dit Judas; lâchez-moi, que je puisse au moins donner le signal convenu.

— Il sera temps, dit le décurion, quand nous saurons si ces hommes sont bien ceux que tu nous annonces.

Et l'on continua d'avancer.

Alors, Jésus, de son côté, fit quelques pas vers les gens qui venaient à lui, et, adressant la parole à leur chef:

— Que cherches-tu, Aben Adar? demanda-t-il.

— C'est lui! murmura Judas en faisant un pas en arrière, et en prenant le bras du décurion.

— Qui, lui? demanda Aben Adar.

— Celui que je dois vous livrer, dit Judas.

Mais, comme le décurion doutait des paroles du traître :

— Nous cherchons Jésus de Nazareth, dit-il.

Alors, de la même voix qu'il avait demandé : « Que cherches-tu? »

— Jésus de Nazareth, c'est moi! dit le Christ.

Ces paroles étaient bien simples; rien n'était changé dans l'intonation de celui qui les prononçait; mais, cependant,

Dieu voulut que les hommes comprissent que cette voix était celle qui imposait silence aux vagues de l'Océan, qui commandait à Satan de rentrer en enfer, et qui tirait du néant l'âme des anges.

Il lui donna ! éclat de la foudre, la force de la tempête !

A ces mots : « Jésus de Nazareth, c'est moi ! » décurion, soldats, valets du temple, tout, jusqu'à Judas, tomba la face contre terre.

Un seul resta debout, et on le vit s'enfuir éperdu vers Jérusalem en criant :

— Malheur à qui portera la main sur cet homme.

— Relevez-vous, dit Jésus :

Et tous se relevèrent, pleins de trouble et de frissons.

Alors, Jésus, s'adressant à Judas.

— Viens ici, Judas, lui dit-il, et fais ce que tu as promis de faire.

Judas hésita un instant ; mais, comme s'il eût eu honte de reculer, il marcha droit à Jésus en disant :

— Maître, permettez-vous que le plus humble de vos disciples vous embrasse ?

Jésus tendit la joue en murmurant :

— O malheureux Judas ! mieux vaudrait pour toi n'être jamais né !

Et, en même temps qu'il tendait la joue, il tendait les mains : la joue pour être trahi, les mains pour être enchaîné.

Mais au moment où les lèvres du traître touchaient la joue de Jésus un coup de tonnerre si violent se fit entendre, un éclair si menaçant déchira le ciel, que les soldats, qui s'avançaient s'arrêtèrent, et que le décurion lui-même regarda en arrière.

— Eh bien! reprit le Christ, n'avez-vous pas entendu? je suis Jésus de Nazareth, c'est-à-dire celui que vous cherchez.

Ces paroles rassurèrent les soldats, qui, voyant qu'au lieu de faire résistance, Jésus s'offrait de lui-même, se précipitèrent sur lui.

Judas profita de ce moment pour essayer de fuir.

Mais Pierre, l'arrêtant par sa robe, et le poussant du côté des apôtres :

— A moi! dit-il, et défendons le maître!

En même temps, il tira l'épée qu'il tenait cachée sous son manteau, et en porta un violent coup à la tête de ce même serviteur de Caïphe qui avait ouvert la porte à Judas, et l'avait introduit dans la salle du conseil.

Malchus jeta un cri de douleur, et tomba à la renverse.

Les soldats le crurent tué. Il y eut un moment de confusion parmi eux; quelques-uns firent mine de s'enfuir.

— Soldats! s'écria Aben Adar, vous fuyez devant un homme!...

Les soldats eurent honte, à l'exception d'un seul, qui continua son chemin vers Jérusalem, et qui disparut bientôt dans les ténèbres.

Pendant ce moment de trouble qu'avait causé la chute de Malchus, les apôtres avaient lâché Judas; et Judas avait profité de cette liberté pour s'enfuir en se précipitant à travers les pentes rapides de la montagne, le long des bords du ruisseau qui va se jeter dans le Cedron.

Jésus avait arrêté Pierre.

— Pierre, dit-il d'une voix douce mais impérative, remettez votre épée au fourreau; car je vous le dis, celui qui frappe de l'épée périra par l'épée!.... Croyez-vous donc que, si je m'adressais à mon père, au lieu du secours terrestre que vous m'offrez, il ne m'enverrait pas une légion d'anges? Mais non, je dois vider le calice que le Seigneur m'a donné à boire : comment les paroles de l'Écriture s'accompliraient-elles donc, si les choses qui se font ne se faisaient pas?

En ce moment, les soldats s'emparèrent de lui; mais Jésus leur dit doucement :

— Je suis prêt à vous suivre, seulement, laissez-moi d'abord guérir cet homme.

Les soldats s'écartèrent. Alors, Jésus, se penchant vers le valet du grand prêtre, qui était couché à terre, évanoui et perdant tout son sang, le toucha du doigt à la tête. Aussitôt la blessure se ferma, le sang cessa de couler, et Malchus se releva.

Mais, au lieu de convaincre les soldats, ce miracle redoubla leur colère; ils se jetèrent sur Jésus, et le frappèrent, ceux-ci, du bois de leurs lances, ceux-là, avec les paquets de cordes qu'ils avaient apportées pour le lier.

Alors, Jésus, de sa douce voix.

— Vous êtes venus me prendre comme un assassin, leur dit-il, avec des pieux et des bâtons; et, cependant, tous les jours, j'ai enseigné au milieu de vous, dans le temple, et vous pouviez m'arrêter. Mais votre heure, l'heure de la puissance des ténèbres, est venue; je ne ferai donc aucune résistance : liez-moi, garrottez-moi, emmenez-moi; me voici!

Et il se livra de lui-même à ses bourreaux.

En un instant, Jésus fut garrotté avec des cordes neuves et dures. Les soldats lui lièrent le poignet droit au-dessus du coude du bras gauche, et le poignet gauche au dessus du coude du bras droit. Ils lui serrèrent autour du corps et autour du cou une ceinture et un collier garnis de clous. A cette ceinture et à ce collier se ratta-

chaient deux courroies qui se croisaient
sur la poitrine, et qui étaient garnies
de clous comme le collier et la ceinture.
Puis, à ces courroies, à ce collier et à
cette ceinture, ils nouèrent quatre cordes à l'aide desquelles, non-seulement
ils tenaient Jésus garrotté, mais encore
le tiraient à droite et à gauche, en bas,
en haut, selon leur caprice.

Et à chaque secousse qu'ils donnaient
les clous qui garnissaient courroies, collier et ceinture, et dont les pointes étaient
tournées en dedans, déchiraient le corps
de Jésus, et de toutes les piqûres faisaient
jaillir le sang.

A la vue de ce terrible prélude du
supplice que devait endurer leur maître,
les apôtres, qui avaient toujours compté
sur un miracle suprême, perdant tout

courage et toute espérance, s'enfuirent, les uns dans la direction de Bethel, les autres dans celle d'Engaddi.

Alors, Jésus jeta un dernier regard et adressa un dernier sourire à Jean, pour lui rappeler sa mère.

L'apôtre comprit le sourire et le regard de Jésus.

— J'y vais, maître, dit-il; et celle qui s'appuyait autrefois sur ton bras s'appuiera désormais sur le mien.

— Est-ce fait? demanda le décurion aux soldats qui garrottaient Jésus.

— Oui, maître, répondirent ceux-ci.

— En ce cas, prends les devants, Longin, et va annoncer au grand prêtre que le faux prophète est entre nos mains.

Un soldat sortit des rangs, et prit d'un pas rapide la route de Jérusalem.

Et ses compagnons le raillaient en criant : « Prends garde, Longin, tu vas te heurter à cette pierre !... Prends garde, Longin, tu vas te cogner contre cet arbre !... Prends garde, Longin, tu vas tomber dans le Cedron ! »

Et Longin, déjà si loin d'eux, qu'ils ne pouvaient plus le distinguer au milieu des ténèbres, leur répondit :

— Soyez tranquilles, si j'y vois mal le jour, j'y vois bien la nuit !

Et le bruit de la voix s'éteignit, et, après le bruit de la voix, le bruit des pas.

— Allons, dit le décurion, chez Caïphe !

CHAPITRE XL.

LE RÊVE DE CLAUDIA.

Le trouble était grand chez Caïphe, où le décurion conduisait Jésus.

Comme nous l'avons dit, après le départ de Judas et de sa troupe, le conseil des prêtres et des anciens s'était déclaré en permanence et attendait.

Tout à coup, un soldat pâle et couvert de sueur et de poussière était entré.

C'était celui qui avait fui en criant:

« Malheur à qui portera la main sur cet homme ! »

Il accourait chez Caïphe, pressé, comme tous ceux qui ont été témoins d'un fait terrible et incroyable, de raconter ce qu'il venait de voir.

Il raconta donc qu'au moment où, près de Gethsemani, le Christ, se présentant de lui-même aux hommes qui le cherchaient, avait dit : « Jésus de Nazareth, c'est moi ! » toute la troupe, décurion et soldats, avait été renversée dans la poussière ; que lui seul était resté debout, et que, présumant que cette exception avait été faite en sa faveur pour qu'il pût porter la nouvelle de ce miracle, il avait pris sa course, et était venu.

Le bruit de la toute-puissance de Jésus s'était, depuis son entrée triomphale à Jérusalem, tellement répandu dans la ville, que, si incroyable que fût le récit du soldat, tous ceux qui l'écoutaient se sentirent frissonner.

Les regards se tournèrent vers Caïphe.

Le grand prêtre comprit que c'était de la fermeté que l'on cherchait en lui, et que, de sa conduite personnelle allait dépendre la conduite de tous.

Son épouvante était grande; mais, appelant sa haine au secours de son courage :

— Misérable! dit-il au soldat, es-tu vendu au Nazaréen, ou es-tu dupe de quelque sortilége? c'est ce que nous saurons plus tard...

Alors, faisant avancer un centurion qui était de garde près de lui :

— Enfermez ce visionnaire, lui dit-il; puis prenez cent soldats à la caserne voisine, et courez à Gethsemani. Il se peut que vous trouviez de vos camarades qui aient besoin d'aide : ils ont ordre d'arrêter Jésus de Nazareth, qui se fait appeler le Messie; prêtez-leur main forte, et amenez ici, mort ou vif, le faux prophète.

Le centurion remit le fugitif à deux soldats, et courut vers la caserne située en face du palais d'Anne.

Mais à peine le centurion avait-il fait cinquante pas dans la rue, qu'un second soldat était entré.

Celui-là n'était pas moins pâle ni moins défait que le premier, quoiqu'il vînt annoncer une nouvelle plus rassurante.

Caïphe devina qu'il arrivait de la montagne des Oliviers.

— Eh bien ! demanda-t-il.

— Salut au grand prêtre et aux illustres seigneurs qui l'entourent! dit le soldat; je viens de Gethsemani, où quelque chose de terrible s'est passé sous mes yeux... Malchus est tué! plusieurs de nos compagnons doivent être blessés! mais, enfin, malgré le tremblement de la terre et le grondement de la foudre, Jésus, livré par Judas, a été arrêté.

Caïphe poussa un cri de joie.

— Arrêté! Tu es sûr qu'il est arrêté?

— Je l'ai vu se livrant lui-même aux soldats.

— Et nous l'amène-t-on?

— C'est probable; mais je ne puis

vous dire que ce que j'ai vu. Saisi d'une irrésistible frayeur, j'ai fui ! En deçà des portes de la ville seulement, j'ai repris mes sens; alors, pour réparer ma faute, j'ai songé à venir à vous, et à vous raconter ce que j'avais vu. Maintenant, si j'ai failli, punissez-moi.

— Il suffit, dit Caïphe ; je te pardonne en faveur de ta sincérité.

C'était déjà beaucoup que la certitude que Jésus était arrêté; mais ce n'était point encore assez. Ne serait-il pas secouru par les disciples? ne serait-il pas délivré par le peuple? lui-même ne reconquerrait-il pas sa liberté par quelque miracle?

Les anciens et les princes des prêtres se faisaient toutes ces questions, auxquelles ils ne pouvaient répondre que par des hypothèses et des probabilités, lorsque, tout à coup, la portière se souleva pour la troisième fois, et qu'un nouveau soldat parut.

— Honneur et gloire vous soient rendus, défenseurs de la sainte loi de Moïse! dit le soldat; je fais partie de la troupe envoyée à la recherche de Jésus, et je viens vous annoncer, de la part du décurion Aben Adar, que le magicien est arrêté. Il a appelé à son secours les tremblements de terre et la foudre, mais tout a été inutile. Nos braves soldats se sont emparés de lui, et vous l'amènent lié et garrotté. Périssent, comme il va périr, tous ceux qui oseront se lever contre vous!

— Comment te nommes-tu? demanda Caïphe.

— Longin, répondit le soldat.

— Aben Adar sera centurion, et tu seras, toi, décurion à sa place.

Puis, prenant dans sa bourse une poignée de pièces d'or et d'argent :

— Et voici, en outre, ajouta le grand prêtre, pour la bonne nouvelle que tu apportes.

Longin reçut l'argent, baisa le bas de la robe du grand prêtre, et sortit tout joyeux.

Au reste, un singulier mouvement commençait à s'opérer dans Jérusalem.

Le centurion, selon l'ordre de Caïphe, avait été chercher cent hommes à la caserne, et ne leur avait point caché dans quel but il les requérait. Ceux-ci s'étaient armés à la hâte, et, comme les trois messagers qui s'étaient succédé près de Caïphe n'avaient point caché non plus aux quelques citadins qu'ils avaient rencontrés, dans leur trajet de la porte des Eaux au palais du grand prêtre, l'événement suprême qui s'accomplissait, ceux à qui ils l'avaient révélé, pressés, à leur tour, de répandre une nouvelle de cette importance, n'avaient pas hésité à heurter aux maisons de leurs amis pour leur transmettre cette nouvelle; de sorte que quelques fenêtres commençaient à s'ouvrir, quelques portes à s'entre-bâiller, et que des demandes et des réponses s'échangeaient entre les habitants de ces maisons et les passants de la rue. En ce moment, et comme pour redoubler l'inquiétude et la curiosité, la troupe envoyée par

Caïphe au secours d'Aben Adar sortait de la caserne, et marchait au pas de course vers la porte des Eaux, précédée et accompagnée de torches, chaque soldat tenant son épée à la main. Or, les commandements du chef, le bruit des pas, le froissement des boucliers contre les fourreaux des glaives, la flamme des torches qui s'augmentait de la rapidité de la marche, et laissait sur le chemin des vestiges ardents, tout cela acheva de tirer du sommeil ceux qui dormaient encore. Le mouvement qui s'était éveillé d'abord au pied de la forteresse, c'est-à-dire dans la partie la plus élevée de la ville, commença à déborder de la cité de David dans la ville inférieure, et gagna bientôt la seconde ville, et même Bezetha. On voyait des points s'illuminer, des lumières inquiètes traverser les rues, s'arrêter, puis se remettre à courir de nouveau; on entendait çà et là frapper aux portes ; les uns sortaient dans la rue, avides de connaître ce qui se passait; les autres, au contraire, craignant quelque tumulte nocturne, se barricadaient chez eux. Les étrangers étendus sous les péristyles et sous les portiques quittaient leurs couches improvisées, et, abordant les habitants de la ville, les interrogeaient sur les causes de cette arrestation ; ceux qui campaient sur les places publiques se montraient aux ouvertures de leurs tentes. Les serviteurs du grand prêtre, enveloppés de manteaux, sillonnaient les rues, portant l'avis de la prise de Jésus aux scribes, aux pharisiens et aux hérodiens, lesquels mettaient, à leur tour, sur pied leurs valets et leurs clients, recommandant à ceux-ci de se porter aux environs du palais de Caïphe, qui, s'il y avait soulèvement, serait particulièrement menacé par la populace. Des patrouilles de soldats passaient d'un pas rapide, avec un air sombre et menaçant ; des détachements couraient en divers sens pour renforcer les postes ; enfin, au milieu de tous ces bruits formant un murmure immense, et planant sur la ville comme un vaste dais de rumeurs, on entendait les aboiements prolongés des chiens, les mugissements et les cris des différents animaux amenés par les étrangers pour le sacrifice, et, par-dessus ces aboiements, ces mugissements, ces cris, le bêlement plaintif des innombrables agneaux qui devaient être immolés pour la pâque du lendemain.

Parmi toutes ces maisons, tous ces palais, toutes ces tentes qui rendaient leurs vivants, comme au jour du jugement dernier, les sépulcres rendront leurs morts, il y avait deux édifices qui restaient sombres et fermés.

C'étaient la citadelle Antonia et le palais des gouverneurs romains, qui en était une dépendance.

La citadelle Antonia avait, comme importance, remplacé l'ancienne forteresse élevée par David sur la montagne de Sion; elle avait été bâtie par Hyrcan Macchabée, cent quatre-vingt-quatre ans avant la naissance du Christ, sur un rocher haut de soixante et quinze pieds, et de tous côtés inaccessible; elle avait d'abord été nommée la tour *Baris*. Les grands prêtres qui s'étaient succédé à Jérusalem, depuis les jours glorieux des Machabées jusqu'aux temps de désolation et de honte où le premier Hérode fut imposé aux Juifs par les Romains, d'abord comme tétrarque et ensuite comme roi, à la place de l'Asmonéen Antigone, — les grands prêtres, disons-nous, habitaient cette citadelle, et y déposaient, après les cérémonies sacrées, leurs habits pontificaux dans une armoire que l'on scellait du sceau des sacrificateurs et des gardes du trésor du temple, et devant laquelle le gouverneur de la tour faisait continuellement brûler une lampe. Hérode le Grand, dès qu'il fut devenu roi des Juifs, appréciant la situation de cette citadelle, et la trouvant, par sa position centrale, plus propre encore à contenir le peuple que celle de Sion, la fit fortifier et embellir. Comme fortification, il la ceignit d'un mur de trois coudées à l'abri duquel la garnison pouvait lancer des traits, tirer de l'arc, rouler des pierres ; comme embellissement, il revêtit entièrement de marbre le rocher sur lequel elle était bâtie ; — embellissement qui était encore une fortification, car il rendait les pentes du roc si rapides et si glissantes, qu'il était impossible du dehors de monter au sommet, ni du sommet de descendre à terre. Quatre tours bâties aux quatre angles de la citadelle dominaient, la tour du nord, la seconde ville et Bezetha ; la tour du couchant, la ville inférieure ; la tour du midi, le temple ; et la tour de l'orient, toute la partie de la ville qui s'étendait de la citadelle aux portes du Fumier et de la Vallée. En outre, la citadelle offrait une maison ou plutôt un palais d'habitation si large, si commode, si plein de galeries et de dégagements, qu'il pouvait passer à lui tout seul pour une petite ville. Citadelle et palais étaient continuellement gardés et défendus par une garnison de cinq cents hommes. Hérode avait nommé tout cet ensemble de bâtiments la citadelle Antonia, en l'honneur de son ami le triumvir Marc Antoine; et, chose extraordinaire! au milieu des révolutions qui s'étaient accomplies, et malgré la mort du vainqueur de Philippes, à travers les règnes d'Auguste et de Tibère, la citadelle Antonia avait conservé son nom

De cette citadelle dépendait le palais des gouverneurs, bâti à ses pieds et appuyé à son versant septentrional. Il s'ouvrait par quatre portes sur la Grande Place, et l'on y arrivait par un escalier de marbre de dix-huit marches. Un pont appelé le **Xystus**, du haut duquel les gouverneurs romains avaient l'habitude de haranguer le peuple, reliait, comme nous l'avons déjà dit, ce palais à la citadelle Antonia, laquelle, du côté opposé, était reliée au temple par un autre pont pareil au premier, mais d'une longueur double de celui-ci.

Le palais était surmonté de deux aigles de bronze doré indiquant qu'il était devenu la demeure des gouverneurs romains en Judée; mais les gouverneurs romains, qui avaient le palais et la citadelle à leur disposition, faisant du palais la demeure de luxe, et de la citadelle la demeure de sûreté, rendaient la justice au palais et habitaient la citadelle.

C'étaient ces deux édifices qui, au milieu des portes ouvertes, des maisons éclairées, des rues s'emplissant de bruits et de rumeurs, étaient restés clos, sombres et muets.

Et, cependant, la citadelle Antonia était habitée par un homme qui, lorsque quelque chose de pareil au tumulte que nous avons essayé de peindre se produisait à Jérusalem, était toujours éveillé le premier, parce que sur lui pesait la plus grande responsabilité : cet homme, c'était l'Espagnol Ponce Pilate. Depuis six ans qu'il avait succédé à Valerius

Gratus dans le gouvernement de la Judée, il connaissait par expérience, — ayant eu à apaiser trois révoltes dirigées contre lui : la première, pour avoir fait entrer dans Jérusalem une légion romaine portant des enseignes aux images de l'empereur, ce qui était contraire à la loi judaïque; la seconde, pour avoir tiré de force du trésor sacré l'argent nécessaire à la construction d'un aqueduc; la troisième, enfin, pour avoir fait mettre à mort des Israélites qui, d'après les rites de la secte de Judas, ne reconnaissant d'autre Dieu, d'autre roi, d'autre maître que Jehovah, avaient refusé de faire des oblations en l'honneur de Tibère; — il connaissait par expérience, disons-nous, l'esprit d'opposition des Juifs, et se tenait toujours prêt à contenir les troubles, et à réprimer les émeutes. Aussi, son sommeil était-il ce sommeil léger des hommes qui, chargés de peser sur les nationalités opprimées, savent que, chaque soir, ils s'endorment au bord d'un abîme où peut les pousser, avant le jour, cette grande et puissante déesse qui n'est jamais plus terrible que lorsqu'elle est forcée de marcher dans les ténèbres, et qu'on appelle la Liberté. Il tressaillit donc au premier bruit qui se fit entendre, s'accouda sur son lit, au chevet duquel étaient suspendus son épée et son bouclier, ces deux armes que saisissait tout d'abord le soldat antique, et qui représentaient l'attaque et la défense; puis, ayant écouté avec l'oreille exercée du tyran, et s'étant assuré qu'il se passait bien réellement quelque chose d'extraordinaire dans la ville, il appela le soldat qui veillait à sa porte, fit venir un décurion, et lui ordonna de descendre dans la cité, et de s'informer de la cause de tout ce bruit. Si les réponses étaient vagues et contradictoires, il devait pousser jusque chez Anne ou chez Caïphe, qui ne pouvaient manquer de savoir, l'un ou l'autre, ce qui se passait.

A peine la porte de la chambre s'était-elle refermée derrière le décurion, que la porte opposée, qui conduisait aux appartements de la femme du gouverneur, s'ouvrit et que celle-ci apparut, pâle, drapée dans ses voiles de nuit, et tenant une lampe à la main.

La femme de Pilate était une noble,

belle et riche Romaine se vantant d'appartenir à l'une des branches de l'illustre famille qui avait donné au monde l'empereur Tibère. En effet, elle se nommait Claudia Procula, et c'était par son influence que son mari Ponce Pilate avait été nommé gouverneur de Jérusalem et procurateur de Judée.

Voilà, comme race et comme famille, ce qu'était ou ce que prétendait être Claudia. Maintenant, comme femme, c'était une matrone de vingt-huit à trente ans, parfaitement belle, parfaitement sage, parfaitement élégante, et dans chaque mouvement de laquelle la grâce grecque et la dignité latine éclataient dans toute leur majesté.

Pilate aimait et respectait Claudia; son apparition, à cette heure de la nuit, redoubla son inquiétude : il crut qu'il y avait danger, et que sa femme, instruite de ce danger, venait chercher un refuge et une protection auprès de lui.

Aussi, dès qu'il l'aperçut :

— Qu'y a-t-il, et qu'est-il arrivé ? demanda Pilate se penchant hors de son lit.

— Rien dont je sois assurée, répondit Claudia, mais je viens à toi dans mon trouble.

— Et ce trouble, qui le cause ? reprit le gouverneur se reculant du côté de la muraille, afin que Claudia pût s'asseoir sur le bord de son lit.

Claudia déposa la lampe sur une table de porphyre portée par un seul pied représentant un griffon d'or, vint prendre la place qui lui était faite, et, laissant tomber sa main dans celle de son mari.

— Pardon, mon ami, lui dit-elle, de troubler ainsi ton repos.

— Oh! dit Pilate, rassure-toi, je ne dormais pas... Ce bruit m'a réveillé, et je viens à l'instant même d'en envoyer savoir la cause.

— La cause? fit Claudia regardant son mari; si je te la disais, Pilate!

— Tu es donc sortie, ou quelqu'un t'en a donc prévenue? demanda le gouverneur avec étonnement.

— Je ne suis pas sortie, je n'ai été prévenue par personne... J'ai vu!

— Tu as vu? dit Pilate.

— Comme je te vois, ami.

— Alors, c'est une apparition, une vision, un songe que tu as à me raconter?

— Je ne sais ce que c'est, dit Claudia; mais, à coup sûr, c'est quelque chose d'étrange, d'incroyable, d'inouï, et qui ne ressemble en rien aux rêves qui nous visitent pendant notre sommeil, et qui sortent du palais de la Nuit par la porte de corne ou par la porte d'ivoire... Non, il n'y a de songes que pendant le sommeil, et je suis certaine que je ne dormais pas.

— Mais, enfin, dit Pilate souriant, — car il commençait à croire que Claudia venait à lui poussée seulement par une terreur imaginaire, — endormie ou éveillée, qu'as-tu vu ?

— Un de ces êtres pareils à ceux qui adorent l'arche dans le tabernacle des Juifs, et qu'ils appellent des anges.

— Et cet ange t'a parlé ?

— Non... Les rideaux de mon lit étaient fermés comme mes paupières, car j'essayais de dormir, quand tout à coup, à travers mes paupières et mes rideaux, j'ai vu briller une ardente lumière... Un de ces anges était descendu dans ma chambre; il vint à mon lit, et en tira le rideau qui était du côté de ma tête; en même temps, le mur donnant sur la montagne des Oliviers se fondit en vapeur, et disparut; de sorte que mon regard put s'étendre du chemin du désert au tombeau d'Absalon; et, chose plus singulière encore! malgré la nuit, malgré la distance, je voyais tous les objets, depuis le brin d'herbe tremblant au bord du Cédron, jusqu'aux palmiers de Bethphagé, courbant leurs têtes sous l'aile du vent!

— Mais tu n'as pas vu cela seulement, Claudia ? car ce spectacle ne t'eût point effrayée.

— Attends donc, Pilate, et prends un peu pitié d'une femme dont le cœur bat, dont la voix tremble, et qui a eu peur un instant de ne pas trouver assez de force pour venir jusqu'à toi.

Pilate rapprocha Claudia de sa poitrine, et la baisa au front.

— Continue, dit-il.

— Alors, reprit Claudia, du bout de son doigt, l'ange m'a indiqué, sur le chemin de Gethsemani à Jérusalem, un groupe de soldats. Au milieu de ce groupe était un homme garrotté que l'on traînait et poussait inhumainement avec des cordes et des bâtons ; — tandis que, au-dessus de sa tête, invisibles à tout autre que moi, flottaient sur des nuées d'or des anges pareils à celui qui, le front couronné d'un cercle de feu, et ses grandes ailes blanches repliées, me montrait cet homme que l'on traitait si cruellement.

— Et as-tu pu reconnaître quel était cet homme?

—Oh! oui! dit Claudia : c'était Jésus le Nazaréen, le même qu'ils ont, dimanche dernier, promené en triomphe dans les rues de Jérusalem, et dont tu as dit en riant : « Plaisant triomphateur, qui conquiert des villes monté sur un âne! »

—Ah! dit Pilate; et tu es certaine que c'était cet homme?

— Oui, oui, je le connais bien, reprit Claudia, car souvent, voilée et sans te le dire, — tu me pardonnes, n'est-ce pas ? — je suis descendue de la citadelle dans le temple pour entendre ses prédications.

— Bon ! dit Pilate en riant, tant qu'il ne prêchera que contre les scribes, les pharisiens, les saducéens, les esséniens et toutes leurs sectes insensées, cela m'est parfaitement égal; mais qu'il prenne garde de prêcher contre l'obéissance due à l'auguste Tibère.

— Oh ! s'écria vivement Claudia, jamais il n'a hasardé un mot contre l'empereur, et, l'autre jour encore, il recommandait, au contraire, de lui payer le tribut... Mais attends, attends, Pilate, ce n'est pas le tout, Ce doux prédicateur, ce Nazaréen inoffensif, qu'ils tiraient avec leurs cordes, qu'ils frappaient de leurs bâtons, qu'ils piquaient de la pointe de leurs épées, en passant sur le pont du Cédron, ils le poussèrent brusquement, et, comme le pont n'a point de parapet, il tomba sur les rochers à peine couverts d'eau à travers lesquels coule le torrent!... Là, il se serait brisé la tête si ses mains, qu'ils lui avaient attachées à la ceinture, n'eussent, miraculeusement sans doute, rompu leurs liens d'osier, et ne l'eussent protégé. Alors lui, au lieu de se plaindre, au lieu de maudire, ainsi que l'eût fait un de nous, il murmura ces paroles que j'ai entendues malgré la distance, comme, malgré la distance, je voyais : « O mon père, je comprends à cette heure pourquoi ces hommes aveugles m'ont précipité du haut de ce pont; c'est qu'il est dit au CIX⁰ psaume : « Il

» boira l'eau du torrent dans le chemin,
» et c'est pour cela qu'il lèvera la tête. »
Et, alors, il s'inclina et but, tandis que les anges qui étaient au-dessus de lui chantaient : « Gloire à Jésus sur la terre ! gloire au Seigneur dans les cieux ! »

Pilate sourit.

— Je savais bien que ma chère Claudia avait, éveillée, une riche imagination, dit-il ; mais j'ignorais que cette imagination fût plus féconde encore dans le sommeil que dans la veille.

— Mais, reprit Claudia, quand je te dis, quand je te jure, Pilate, que j'ai vu et entendu tout cela comme je te vois, comme je t'entends.

— Et c'est tout ce que tu as vu et entendu ?

— Non, dit Claudia, pas encore...

Écoute. Sans s'inquiéter de la chute qu'il venait de faire, les soldats avaient continué leur chemin, tirant Jésus avec leurs cordes; mais ils furent obligés de revenir sur leurs pas, le prisonnier ne pouvant gravir le torrent du côté du faubourg d'Ophel, à cause d'un mur en maçonnerie qui venait d'être fait pour soutenir les terres. Il gravit donc le talus sur le bord opposé, et repassa le pont. O Pilate! il faisait peine à voir, avec sa robe rouge toute trempée d'eau, tout imbibée de sang, et collée sur son corps; il ne marchait que difficilement, tant il avait souffert de sa chute. Aussi, de l'autre côté du pont, tomba-t-il encore; mais, cette fois, on le releva violemment en le frappant avec des lanières et en le tirant avec les cordes. Puis, pour qu'il marchât plus facilement, le soldat qui était près de lui retroussa un pan de sa robe qu'il passa dans sa ceinture, et tous, le poussant au milieu des épines et des pierres aiguës, lui criaient : «Dis donc, Nazaréen, est-ce à ce voyage-ci que s'applique le mot de Malachie : « J'enverrai devant toi mon ange pour t'ouvrir *le chemin !* » ou bien : « Dis donc, Jésus. Jean-Baptiste qui prétendait qu'il était venu pour te *préparer la route !* que penses-tu de la manière dont il a fait sa besogne ? » Mais lui ne répondait point, et, les yeux au ciel, murmurait seulement tout bas : « O mon Dieu, pardonnez-leur, car ils ne savent ce qu'ils font ! »

— En vérité, dit Pilate, ma Claudia plaide admirablement la cause des malheureux; et, s'il n'était question de souffrances imaginaires, je m'attendrirais.

— Pilate! Pilate! reprit Claudia avec une chaleur croissante, je te dis que cela est bien réel, et, quand je t'aurai tout raconté, tu verras!

— Comment, dit Pilate, ce malheureux Jésus n'en est pas encore quitte?

— Écoute... En ce moment, une troupe de cent hommes a rejoint la première troupe; c'était le grand prêtre Caïphe qui l'envoyait au secours de l'autre; elle débouchait du faubourg d'Ophel. Trouvant Jésus aux mains de leurs camarades, les nouveaux venus ont poussé de grands cris de joie qui ont achevé d'éveiller les habitants du faubourg, que leur passage avait déjà tirés d'un premier sommeil; alors ceux-ci ont commencé à paraître sur le seuil de leurs maisons. Tu sais ce que sont ces pauvres gens, presque tous des porteurs d'eau ou de bois pour le temple, ardents partisans de Jésus, qui, lors de l'écroulement de la tour de Siloë, a guéri plusieurs d'entre eux. Ils poussèrent donc des cris de douleur et des soupirs de compassion, lorsqu'ils virent Jésus traîné par les soldats qui le maltraitaient si cruellement; mais ceux-ci les repoussaient à grands coups de boucliers, de poignées d'épée, de manches de pique, leur disant : « Eh bien ! oui, c'est Jésus, votre faux prophète, votre faiseur de miracles, votre magicien... Malheureusement pour lui et pour vous, le grand prêtre ne veut plus lui laisser continuer le métie qu'il fait, et, pas plus tard

qu'aujourd'hui, il va être mis en croix!»
A ces mots, ce fut comme un concert de cris et de lamentations qui redoubla encore quand, en arrivant à la porte des Eaux, tous ces pauvres gens aperçurent la mère de Jésus, soutenue par un des disciples de son fils, et accompagnée de ces deux femmes dont on dit qu'il a ressuscité le frère. Elle venait au-devant de lui; mais, lorsqu'elle le vit pâle, déchiré, couvert de sang à la lueur des torches, au milieu des soldats et des pharisiens, elle s'arrêta : les jambes lui manquèrent; elle tomba sur les genoux, les bras tendus vers son fils... Pilate, cette vue eût attendri des Thraces, des Scythes, des Barbares! Nos soldats, — il faut que quelque dieu fatal les pousse! — nos soldats insultèrent,

battirent cette mère éperdue de douleur; si bien que des larmes roulèrent aussi le long du visage du prisonnier, et qu'il cria à la pauvre mourante : « Je vous l'avais bien dit, que vous seriez appelée la mère pleine d'amertume! » Et tous les habitants du faubourg criaient : « Au nom du ciel, rendez-nous cet homme! au nom du Seigneur, délivrez-nous cet homme! si vous l'emprisonnez, si vous le faites mourir, qui nous aidera, qui nous consolera, qui nous guérira?... » Et, quand la troupe fut passée, emmenant Jésus, ils se réunirent tous autour de sa mère, lui disant : « Ah! vous serez notre mère à tous, et nous serons tous vos enfants! » Alors, des larmes ont voilé mes yeux : j'ai laissé, en sanglotant, aller ma tête entre mes deux mains, et, quand je l'ai relevée, quand j'ai regardé devant moi, l'ange avait disparu, et le rideau de mon lit était retombé.

— Et tu t'es levée et es venue à moi, ma bonne Claudia? demanda Pilate.

— Oui, car je me suis dit : « Les Romains seuls ont droit de vie et de mort en Judée ; nul des sujets d'Auguste ne peut être condamné et exécuté que sur un ordre de Pilate ; et, si je lui jure que Jésus est un juste, Pilate ne donnera pas cet ordre, j'en suis certaine. »

Et, toute pleurante, elle jeta ses bras au cou de son mari.

— Et Pilate, dit celui-ci, n'aura pas même besoin de refuser cet ordre, car tout ce que tu viens de me raconter, ma bonne Claudia, tout ce que tu as cru voir, tout ce que tu as cru entendre, tu ne l'as vu et entendu qu'en imagination...

En ce moment, la porte s'ouvrit : c'était le messager de Pilate qui rentrait.

— Seigneur, lui dit-il, le grand sacerdote Caïphe te fait dire qu'on vient d'arrêter, sur le mont des Oliviers, le magicien, le faux prophète, le blasphémateur Jésus, et qu'au point du jour, il sera conduit à ton tribunal pour y entendre prononcer sa sentence de mort.

— Eh bien! demanda Claudia, était-ce un songe?...

Pilate, pensif, laissa tomber sa tête sur sa poitrine ; puis, après un instant de silence :

— Tu sais ce que je t'ai promis, dit-il : si cet homme n'a rien fait contre l'auguste empereur Tibère, il ne sera rien fait contre lui.

CHAPITRE XII.

ANNE ET CAÏPHE.

Claudia, comme elle l'avait dit à Pilate, n'avait suivi des yeux le Christ que de Gethsemani à la porte des Eaux; sans cela, elle eût vu qu'au lieu d'avoir été conduit directement au grand prêtre, Jésus avait d'abord été conduit au beau-père de celui-ci.

Anne, grand vieillard maigre, à la barbe peu fournie, au front pâle et ridé, occupait à Jérusalem à peu près la place qu'occupent chez nous les juges instructeurs. C'était à lui que l'on amenait les accusés qui relevaient du grand prêtre; il leur faisait subir un ou plusieurs interrogatoires, et, s'il trouvait les charges suffisantes, il renvoyait à Caïphe, qui entamait le procès.

La même haine dont le grand prêtre était animé contre Jésus animait aussi son beau-père; de sorte qu'Anne attendait non moins impatiemment que Caïphe l'arrivée du Christ.

Les juges qui composaient son tribunal, et qui étaient au nombre de six, avaient été prévenus dès onze heures du soir, et, depuis cette heure, attendaient comme lui.

Nous avons dit avec quelle rapidité

le bruit de l'arrestation de Jésus s'était répandu dans Jérusalem. Beaucoup avaient hésité à se déclarer jusque-là, qui, sachant que le Christ, pris sans résistance, avait été lié, garrotté, et ramené vers la ville, se décidèrent tout à coup, prenant parti, comme font les âmes impies, contre la mauvaise fortune, à venir l'accuser ou témoigner contre lui.

La route de Gethsemani au palais d'Anne pouvait être accomplie en vingt minutes; mais elle avait duré plus de deux heures; les soldats avaient fait ce que fait le tigre qui est sûr que sa proie ne peut plus lui échapper : ils avaient joué avec leur proie.

De loin, on voyait venir Jésus au milieu des soldats; de grands cris s'élevaient sur son passage ; les torches s'agitaient jetant une lumière plus vive ; on se poussait pour arriver à lui : chacun voulait lui dire son injure, lui imprimer son affront, lui causer sa douleur.

A chaque instant, de la salle du tribunal, on entendait le bruit se rapprochant de plus en plus ; des gens entraient en foule, et encombraient le prétoire, disant : « Il arrive ! il vient ! le voilà ! » de sorte que, lorsqu'il arriva effectivement, il n'y avait plus de place pour celui que tout le monde était venu voir.

Enfin, les premiers soldats parurent à la porte, criant : « Place ! place ! » et forçant les assistants, qu'ils repoussaient avec le bois de leurs lances, d'ouvrir un chemin, depuis le perron jusqu'à l'estrade élevée de trois marches où Anne siégeait avec ses cinq collègues.

Jésus parut, pâle, faible, meurtri, sanglant, pouvant se tenir à peine, il était tombé sept fois, de l'endroit où il avait été arrêté au palais d'Anne.

Pour monter le perron, il fut enlevé, tiré par ses habits, soulevé à l'aide des cordes qui le liaient, et, à travers le chemin étroit que lui avaient ouvert les piques, poussé au pied de l'estrade.

Les cris, les huées, les blasphèmes, avaient accompagné son passage. Anne donna à ce torrent de haines tout le temps de s'épancher; puis, quand le silence se fut un peu rétabli, comme s'il eût ignoré quel était l'accusé qu'on amenait devant lui, et qu'il l'eût reconnu seulement en le voyant :

— Eh quoi! dit-il, c'est toi, Jésus de Nazareth, roi des Juifs? Toi tout seul? Où sont donc tes apôtres? où sont donc tes disciples? où est donc ton peuple? où sont donc ces légions d'anges auxquelles tu commandes?... Toi qui appelais le temple du Seigneur la maison de ton père! ah! ah! Nazaréen, les choses n'ont point tourné comme tu le pensais, n'est-ce pas? Quelqu'un a donc trouvé que c'était assez d'insultes comme cela au Seigneur et aux prêtres; qu'il n'était pas permis de violer impunément le sabbat, et que c'était un crime de manger l'agneau pascal d'une façon inaccoutumée, dans un temps et dans un lieu où il est défendu de le faire?... Ah! que des actions de grâces soient rendues à Jéhovah! Le voilà qui reprend, les uns après les autres, tous les miracles que tu accomplissais si bien : la Judée était aveugle, il lui rend la vue; elle était sourde, il lui rend les oreilles ; elle était muette, il lui rend la parole : elle voit, elle entend, elle parle, elle t'accuse !... Tu veux tout changer, tout renverser, tout détruire, faire petit ce qui était grand, grand ce qui était petit; tu veux introduire un nouveau dogme... En vertu de quel droit? qui t'a permis d'enseigner? de qui as-tu reçu ta mission? Parle! voyons, quelle est ta doctrine?

Jésus, calme et triste, avait laissé tomber sur lui, sans l'interrompre, ce flot d'injures ; mais, quand la parole eut manqué à l'accusateur, il releva sa tête fatiguée, et, regardant Anne avec une douceur suprême :

— J'ai parlé en public devant tout le monde, dit-il ; j'ai enseigné dans le temple et dans les synagogues où les Juifs se rassemblent; je n'ai jamais rien dit en secret; pourquoi m'interroges-tu? Demande à ceux qui m'ont entendu quelle est ma doctrine ; regarde autour de toi; tous ceux qui sont là peuvent te répéter ce que j'ai dit.

Cette simplicité et cette douceur de Jésus exaspérèrent l'accusateur; alors, il laissa échapper un mouvement de haine. Un soldat qui n'avait peut-être pas compris ce qu'avait dit Jésus, mais qui comprenait ce qu'éprouvait le prince des prêtres, se chargea de répondre.

— Insolent! dit-il, est-ce ainsi qu'on parle au seigneur Anne?

Et, du pommeau de son épée, qu'il

tenait à la main, il frappa Jésus à la bouche.

Aussitôt, le sang jaillit du nez et des lèvres de Jésus, qui, ébranlé par le coup, poussé brutalement par ceux qui l'entouraient, tomba de côté sur les marches.

Quelques murmures couverts à l'instant même par une nuée de cris, d'injures et d'outrages, s'élevèrent dans la salle; par malheur, les murmures étaient faibles, et la malédiction immense.

Au milieu de ce bruit, Jésus se releva, et, attendant qu'il fût éteint :

— Si j'ai mal parlé, dit-il, montrez-moi en quoi; si j'ai bien parlé, pourquoi me frappez-vous?

— Allons, répondit Anne, que ceux qui ont à le démentir le démentent;

que ceux qui ont à l'accuser l'accusent.

Et il fit signe aux soldats, qui maintenaient les assistants du bois de leurs lances, de lever cette barrière.

Alors, toute cette foule se rua sur Jésus, hurlant, injuriant, accusant.

— Il a dit qu'il était roi!... Il a dit que les pharisiens étaient des races de serpents, des langues de vipères!... Il a dit que les scribes et les docteurs étaient des hypocrites et des impies!... Il a dit que le temple était une caverne de voleurs!... Il a dit qu'il était roi des Juifs!... Il a dit qu'il renverserait le temple, et le rebâtirait en trois jours!... Il a fait la Pâque le jeudi!... Il a guéri le jour du sabbat!... Il a soulevé une sédition dans le faubourg!... Les gens d'Ophel l'ont appelé leur prophète!... Il a crié malheur sur Jérusalem!... Il mange avec des impurs, des vagabonds, des lépreux, des publicains!... Il remet les péchés aux femmes de mauvaise vie!... Il empêche de lapider les adultères!... Il ressuscite les morts par des sortiléges infames!... Chez Caïphe, le magicien! chez Caïphe, le faux prophète! chez Caïphe, le blasphémateur!

Et toutes ces accusations lui étaient faites à la fois; et ceux qui les proféraient lui crachaient au visage en le menaçant, en lui montrant le poing, en le tirant par sa robe, par son manteau, par ses cheveux, par sa barbe.

Anne laissa toute cette meute hurler, mordre et déchirer à son aise; puis il reprit à son tour :

— Ah! Jésus, c'est donc là ta doctrine!... Voyons, discute-la, défends-la, fais-la prévaloir. Roi, commande ! Messie, prouve ta mission ! envoyé de Dieu, adjure ton père ! Qui es-tu ? dis ; parle... Es-tu Jean-Baptiste ressuscité ? Es-tu Élie qui n'est pas mort ? Es-tu Malachie, lequel, à ce qu'on prétend, était, non pas un homme, mais un ange ?... Tu t'es appelé roi ? Eh bien, oui, roi. Moi aussi, je t'appelle roi : roi des vagabonds, roi de la populace, roi des femmes perdues... Attends, attends, je vais te sacrer roi, moi ! Un roseau et un papyrus !

On présenta au prince des prêtres les deux choses qu'il demandait, et qui, sans doute, étaient préparées d'avance.

La bande de papyrus était large de

trois pouces, longue d'une coudée.

Anne traça sur le papyrus toute la série des crimes dont était accusé Jésus ; puis, le roulant entre ses doigts, il l'introduisit dans une calebasse creuse qu'il noua au bout du roseau.

— Tiens, dit-il à Jésus, voilà le sceptre de ton royaume ; voilà tes titres à la royauté ! Porte tout cela à Caïphe, et je ne doute pas qu'il ne te mette sur la tête la couronne qui te manque encore.

Et, sur un geste du pâle et haineux vieillard, les mains du Christ furent liées de nouveau ; seulement, entre ses mains, on assujettit le roseau, sceptre dérisoire qui, plus tard, fut celui du monde.

Alors, Jésus, perdu au milieu de cette

foule, protégé maintenant par la seule haine de ceux qui ne voulaient pas que son supplice finît trop tôt ; Jésus, poussé vers la porte, trébuchant sur les marches, remis en équilibre par les coups qu'on lui portait ; Jésus, jouet de ce monde d'ennemis qui lui faisaient payer trois ans d'enseignement, d'humilité, de souffrances, de dévouement, d'amour, récompensés par un seul jour de triomphe ; Jésus, injurié, outragé, frappé tout le long de la route, franchit l'espace qui séparait la maison d'Anne du palais de son gendre, et arriva, à demi évanoui, devant le grand conseil.

Ce grand conseil se composait de soixante et dix membres qui tous étaient présents ; ils étaient assis sur une estrade demi-circulaire, au milieu de laquelle, sur un fauteuil plus élevé, se tenait Caïphe.

L'impatience de ce dernier était si grande, qu'il quitta plusieurs fois son siége, et alla jusqu'à la porte extérieure, en disant :

— Mais que fait donc Anne ? pourquoi retient-il le Nazaréen si longtemps ? Cet homme devrait, depuis plus d'une heure, être ici... Qu'il vienne ! qu'il vienne !

Jésus parut enfin. En entrant, sa tête inclinée sur sa poitrine se releva ; ses yeux se portèrent sans hésitation vers un angle de la salle, et un sourire plein de tristesse effleura ses lèvres.

Parmi les spectateurs qui l'attendaient, il venait de reconnaître Pierre et Jean.

Au moment où les apôtres s'étaient dispersés ; où Jésus, lié, garrotté, s'était mis en marche vers Jérusalem, et où Jean était descendu vers la vallée de Josaphat pour aller rejoindre Marie, Pierre s'était contenté de se jeter derrière un olivier, pour échapper à la première colère des soldats ; puis, de loin, dans l'ombre, marchant d'arbre en arbre, se replongeant dans l'obscurité chaque fois que la lumière d'une torche éclairait le chemin, il avait suivi son maître, décidé à ne le point perdre de vue.

A l'extrémité du faubourg d'Ophel, à cent pas à peu près de la porte des Eaux, il avait trouvé Marie, agonisant entre les bras de Jean et des saintes femmes. — C'était alors qu'on avait transporté la Vierge dans une maison, et que, là, les soins reconnaissants de tous ces pauvres gens qui l'appelaient leur mère l'avaient rendue à la vie.

Mais, en rouvrant les yeux, la Vierge avait jeté un cri de douleur; elle avait, pendant son évanouissement, perdu la faculté de suivre son fils des yeux, malgré la distance et les objets interposés entre elle et lui; et c'était pitié de la part de Jésus, car, sachant ce qu'il allait souffrir, il ne voulait pas que sa mère fût témoin de tant de souffrances.

Alors, la Vierge avait supplié Jean et Pierre de suivre Jésus, afin qu'ils pussent lui apporter d'heure en heure des nouvelles de la terrible passion que son fils allait subir.

Rien ne répondait mieux aux sentiments intérieurs des deux apôtres que cette demande de Marie. Il avait fallu le commandement exprès de son maître pour que Jean se décidât à le quitter ; quant à Pierre, qui était déjà résolu à ne pas le perdre de vue, l'adhésion rapide de Jean à la prière de la Vierge lui donnait un compagnon de son audacieuse entreprise.

Cependant, comme ils n'eussent pas manqué d'être reconnus et arrêtés s'ils se fussent introduits chez Caïphe avec leurs vêtements ordinaires, tous deux revêtirent une espèce de livrée appartenant aux messagers du temple, et, sous ce déguisement, vinrent frapper à la porte extérieure du palais du grand prêtre, laquelle s'ouvrait sur la vallée de Géhennon, et donnait entrée dans une grande cour où brûlait un immense foyer devant lequel se chauffaient les serviteurs de Caïphe, les soldats de garde et bon nombre de ces gens de bas étage qui, sans appartenir précisément à la maison des grands, sont en quelque sorte à la suite de leur suite.

Grâce à leurs manteaux d'emprunt, les deux apôtres n'avaient éprouvé aucune difficulté à pénétrer dans cette première cour; mais il n'en avait pas été de même pour pénétrer de cette cour dans l'intérieur des appartements.

Par bonheur, Jean connaissait un employé du tribunal occupant une place correspondant à celle de nos huissiers. Cet homme, qui avait souvent entendu prêcher Jésus, n'était pas loin de se ranger à sa doctrine; il consentit donc à introduire Jean; mais il se refusa obstinément à laisser passer Pierre. — Pierre, on se le rappelle, avait frappé le valet du grand prêtre d'un coup d'épée; Malchus pouvait rencontrer Pierre et le reconnaître, et, quoique miraculeusement guéri par le Christ, demander vengeance contre l'apôtre.

Pierre se désespérait donc devant cette porte qui refusait de s'ouvrir pour lui, lorsque arrivèrent Nicodème et Joseph d'Arimathie. Ceux-ci n'avaient point été convoqués ; mais ils avaient appris ce qui se passait, et, dans l'espérance d'être utiles à Jésus, ils venaient réclamer leurs siéges de membres du grand conseil.

Pierre les reconnut et se fit reconnaître d'eux. Ils n'avaient point les mêmes craintes qu'un pauvre huissier du tribunal ; ils étaient d'illustres personnages auxquels nul, excepté le gouverneur romain, n'eût osé toucher : ils prirent Pierre sous leur protection et l'introduisirent dans la salle en même temps qu'eux.

Une fois là, Pierre aperçut Jean et se rapprocha de lui.

C'est pourquoi le regard de Jésus, qui les cherchait en entrant, les trouva appuyés l'un à l'autre, comme si ce n'était pas trop d'une double force pour supporter le spectacle auquel ils allaient assister.

Ainsi que cela avait eu lieu chez Anne, avant même que Jésus arrivât, la salle du conseil était déjà pleine. La foule qui fit irruption à la suite du Christ fut donc obligée, à part quelques hommes plus vigoureux ou plus obstinés que les autres, de refluer dans les vestibules et jusqu'au perron.

Il y avait, autour du palais de Caïphe, et sur ses trois faces, un grand espace libre ; la quatrième face, comme nous l'avons dit, attenait aux remparts. Tout cet espace était encombré de peuple.

Jamais pareille foule ne s'était réunie ; jamais pareilles rumeurs ne s'étaient élevées, même aux jours des plus terribles émeutes de Jérusalem.

En effet, aux autres jours de désordre, il ne s'agissait que de se révolter contre un préteur, un tétrarque ou un empereur ; cette fois-ci, on se révoltait contre un Dieu.

Caïphe était un homme de quarante ans à peu près, au teint basané, à la barbe noire, à l'œil sombre ; ambitieux et fanatique à la fois, il était arrivé, par la position de grand prêtre, au comble de son ambition. Restait son fanatisme à satisfaire, et cette satisfaction de son fanatisme, c'était la mort de Jésus.

Il était vêtu d'une robe blanche sur laquelle se drapait un grand manteau d'un rouge sombre, à franges et à fleurs d'or; sur sa poitrine était l'éphod, marque de son rang suprême, et qui faisait de lui, — après Pilate, le gouverneur, et après Hérode le tétrarque, — le troisième pouvoir de la Judée.

A peine Jésus apparut-il sur le seuil, qu'au milieu des cris et des rumeurs montant de tous les côtés, on entendit la voix de Caïphe qui disait :

— Ah! te voilà donc, ennemi de Dieu, qui troubles le calme de cette sainte nuit?... Voyons, hâtons-nous enlevez-lui cette calebasse où est enfermé l'acte d'accusation.

On enleva la calebasse, que l'on porta au grand prêtre, tandis que, par dérision, on laissait entre les mains de Jésus le roseau qui représentait le sceptre.

Alors, Caïphe déroula le papyrus, et lut la longue liste des crimes imputés à Jésus; et comme celui-ci l'écoutait en silence, de minute en minute, Caïphe criait :

— Mais réponds donc, magicien! mais réponds donc, faux prophète! mais réponds donc, blasphémateur! Ne sais-tu plus parler pour te défendre, toi qui savais si bien nous accuser?

Et, à chaque interpellation de Caïphe,

les soldats secouaient Jésus avec les cordes, et le tiraient par la barbe et par les cheveux.

Nicodème ne put supporter ce spectacle.

— Jésus de Nazareth, dit-il, est accusé mais non pas condamné; je réclame pour lui le privilége des accusés, c'est-à-dire la liberté de défense. S'il est condamné, la condamnation s'exécutera, et elle retombera sur qui de droit; mais je ne sache pas qu'on livre un homme aux bourreaux avant son jugement.

Joseph d'Arimathie se leva, et dit ce seul mot :

— J'appuie.

La courte harangue de Nicodème et la plus courte adhésion de Joseph d'Arimathie furent accueillies par les murmures de la majeure partie des assistants. Cependant, comme quelques voix dans la foule osèrent crier aussi : « Justice à l'accusé ! justice ! » Caïphe fut forcé de donner au procès la forme ordinaire, afin de sauver au moins les apparences de l'assassinat.

Les soldats eurent donc l'ordre de s'écarter de Jésus, et de cesser de le maltraiter ; et une certaine régularité ayant été imposée à l'interrogatoire, l'audition des témoins commença.

Ces témoins, il va sans dire que c'étaient les ennemis de Jésus : les scribes et les docteurs, qu'il avait publiquement réprimandés, les débauchés, auxquels il avait prêché une vie meilleure ; les adultères, dont il avait ramené les complices vers le repentir; et tous, les uns après les autres, répétaient les mêmes accusations que chez Anne. Mais, de toutes ces accusations, la seule sérieuse était que Jésus avait fait la pâque un autre jour que le jour consacré.

Alors, Caïphe se leva, et, se tournant vers Nicodème et Joseph d'Arimathie :

— Très-illustres princes des prêtres et anciens du peuple, dit-il, sur ce dernier point, nos deux collègues Nicodème et Joseph d'Arimathie peuvent nous donner les renseignements les plus exacts ; car, si j'en crois les rapports que j'ai reçus, c'est dans une maison qui leur appartient que l'accusé a fait la cène.

Nicodème sentit le coup que lui portait le grand prêtre.

— C'est vrai, dit-il, quoique cette maison ne soit pas la nôtre en réalité, puisque nous la louons à un homme du village de Béthanie, lequel l'a sous-louée hier à deux apôtres de Jésus qui sont venus à lui de la part de leur maître.

— Ainsi, dit Caïphe insistant, la cène a, en effet, eu lieu hier au soir?

— Elle a eu lieu hier au soir, répondit Nicodème.

— Vous savez qu'il est contraire à la loi que la cène ait lieu un autre jour que le jour consacré : pourquoi l'accusé a-t-il avancé de vingt-quatre heures cette sainte cérémonie?

— Parce qu'il est Galiléen, dit Nicodème, et que ce changement de jour est un droit accordé aux Galiléens.

Caïphe frappa du pied avec colère.

— Bien! dit-il, il paraît que l'accusé a trouvé un défenseur; nous espérons, alors, que ce défenseur nous dira en vertu de quelle loi les Galiléens peuvent faire la pâque le jeudi.

— J'avais prévu la question, reprit Nicodème, et voici la réponse.

Alors, il tira de sa poitrine un ancien édit qui autorisait les Galiléens à faire la cène un jour plus tôt; et cela, attendu qu'à l'époque de la Pâque, il y avait une telle affluence à Jérusalem, que, s'il avait fallu que ceux-ci la fissent en même temps que les autres dans le temple, jamais la cène n'eût été finie pour le jour du sabbat.

Puis, de défenseur, devenant accusateur, Nicodème ajouta :

— Et, maintenant, puisque vous êtes

si strict observateur de la loi, vous devez savoir, Caïphe, qu'il nous est interdit de procéder pendant la nuit, et qu'aucun jugement ne peut être rendu le jour de la Pâque.

— S'est-il inquiété de cela, lui ! s'écria Caïphe furieux, lorsqu'il a guéri le jour du sabbat ?

Jésus sourit tristement.

— Si une infraction à la loi peut être tolérée, dit Nicodème, c'est lorsqu'il doit résulter de cette infraction un bien, et non pas un mal; la vie d'un homme, et non pas sa mort.

— Nicodème, Nicodème, dit Caïphe, prenez garde! vous oubliez que le *Deutéronome* dit, au livre IV : « Attachez vous à Dieu seul... S'il s'élève un prophète ou quelqu'un qui dise qu'il a eu une vision ou un songe, et qu'il annonce un signe ou un miracle, et que ce signe ou ce miracle arrive ; s'il te dit en même temps : « Allons près d'autres dieux » que tu n'as pas connus, et servons-» les ! » tu ne l'écouteras point, car Jehovah, ton Dieu, t'éprouve ! »

— Mais, dit Nicodème, si, au lieu d'attaquer Dieu, le prophète n'attaque que les hommes ; si, au lieu d'être un faux prophète, il est un vrai prophète, que répondras-tu, Caïphe ?

— Je répondrai que l'Écriture dit positivement : « Il ne viendra point de prophète de Galilée. » Or, Jésus est de Nazareth, et Nazareth est en Galilée.

— Oui ; mais l'Écriture dit : « Il viendra un prophète de la race de David, et de la ville de David. » Or, Jésus est de la race de David par Joseph son père, et de la ville de David, puisqu'il est né à Bethléem.

— Eh bien, soit! dit Caïphe, qui se lassait de cette discussion dans laquelle il sentait qu'il avait le dessous; interrogeons l'accusé lui-même, et, selon ce qu'il répondra, nous jugerons.

Alors, se tournant vers Jésus :

— Je t'adjure, par le Dieu vivant, dit-il, de nous déclarer si tu es le Christ, le Messie et le fils de Dieu!

Jésus n'avait pas encore prononcé une parole.

Il redressa la tête, et, au milieu du plus profond silence, levant les yeux au ciel, comme pour prendre le Seigneur à témoin de la vérité de ce qu'il allait dire :

— Je le suis, Caïphe, et c'est toi qui l'as dit.

— Tu es le fils de Dieu ? répéta le grand prêtre.

— Je suis, reprit Jésus avec une dignité suprême, le fils de Dieu, né d'une mère mortelle; et apprenez tous ceci, vous qui m'écoutez : Celui qui est devant vous, qui vous paraît poussière comme vous, et qui va être condamné par vous, celui-là, vous le verrez, dans sa majesté éternelle, assis à la droite de Dieu, et il descendra vers vous, porté sur les nuages du ciel.

A cette réponse, si solennellement dite, qu'elle fit tressaillir tout l'auditoire, Caïphe prit son manteu, et, le déchirant à deux mains en signe de douleur :

— Vous l'entendez! dit-il, vous l'entendez, il blasphème! Qu'avons-nous besoin de témoins pour condamner, maintenant, l'imposteur qui se dit le fils de Dieu?

Et mille voix crièrent :

— Oui, nous l'avons entendu; oui, il a dit qu'il était fils de Dieu! oui, il a blasphémé!

— Eh bien, demanda le grand prêtre, quelle est votre sentence?

Alors, tous les assistants, moins quelques-uns, juges et spectateurs, — les juges se levant et secouant leurs manteaux, les spectateurs se dressant sur leurs pieds et agitant leurs bras, — répondirent à Caïphe d'une voix terrible :

— Il a mérité la mort! il a mérité la mort!...

— C'est bien, dit Caïphe : la peine de

mort est portée par le grand conseil de la nation contre Jésus de Nazareth, se disant roi des Juifs, Messie, fils de Dieu, comme imposteur, blasphémateur et faux prophète.

Et, se levant :

— Je vous livre ce roi, dit-il aux soldats ; rendez-lui les honneurs qu'il mérite.

Puis, donnant l'exemple aux autres membres du tribunal, il se retira dans une salle attenante à la salle d'audience.

Les membres du conseil se levèrent et suivirent le grand prêtre ; Nicodème et Joseph d'Arimathie sortirent les derniers faisant à Jésus un geste de pitié et d'impuissance.

Alors, un cri de joie immense s'éleva

parmi tous ces impies, auquel répondirent deux cris de douleur : un de ces cris était poussé par la Vierge Marie, qui, pour la seconde fois, tombait évanouie aux bras des saintes femmes; l'autre, par le traître Judas, qui s'élançait, éperdu, à travers la foule, en criant :

— C'est moi qui l'ai livré! Malheur à moi! malheur à moi!

CHAPITRE XIII.

HAK ED DAM.

Au cri de la Vierge, Jean avait tressailli, et s'était élancé vers la sainte mère que Jésus avait confiée à son amour filial. Quant à Pierre, il était toujours résolu à ne point quitter Jésus.

Aussi, pensant avec raison que le condamné serait conduit dans une des cours du palais, et y serait enfermé au fond de quelqu'une de ces salles basses qui servaient de caserne et de prison aux soldats, il sortit un des premiers de la salle du conseil, et gagna le vestibule, de manière à pouvoir se trouver sur le passage de son maître.

Quoique l'on fût arrivé à la fin du mois de mars, et que les journées précédentes eussent, par les chaudes bouffées de leur haleine, indiqué le retour du printemps, la nuit était glacée; on eût dit que l'année, déjà lancée dans sa route, reculait, épouvantée, devant le crime que le jour où l'on venait d'entrer allait voir s'accomplir.

Pierre s'arrêta donc dans le vestibule de Caïphe, où brûlait un grand feu, et, tout grelottant, s'approcha de ce feu pour s'y réchauffer.

Des hommes du peuple, nous ne dirons pas de la dernière classe, mais de cette classe mauvaise, ennemie déclarée de tout, des soldats tirés de la basse Syrie, et des femmes appartenant à la domesticité des prêtres, des pharisiens et des scribes, entouraient ce feu, dont la flamme se reflétait sur leurs visages, où elle semblait éclairer toutes les méchantes passions. De grands éclats de rire s'élevaient du groupe hideux, — et c'était quand quelqu'un racontait une insulte plus abjecte, une atteinte plus douloureuse faite par lui à Jésus pendant la route que le Sauveur venait de parcourir.

Pierre, qui s'était avancé sans savoir de quoi il était question, frissonna en entendant ces outrages du passé, auxquels la féroce espérance de ces gens nouait les outrages de l'avenir.

L'un d'eux disait :

— On a donné au Messie un sceptre, mais on a oublié de lui donner une couronne!

Et il tressait, au risque de s'ensanglanter les mains, une couronne faite des branches épineuses du nabka, ayant bien soin de ne pas en briser les feuilles, foncées comme celles du lierre, et qui rappelaient dérisoirement celles dont on se servait pour couronner les empereurs et les généraux d'armée.

Et chacun applaudissait à cette idée d'enfoncer sur le front de Jésus une couronne qui fût non-seulement une dérision, mais encore une douleur.

Pierre vit ce qui se faisait, entendit ce qui se disait, et voulut se retirer; mais, entré dans le cercle de lumière que jetait le foyer, il fut reconnu par la portière du palais de Caïphe, qui l'avait vu traverser la porte extérieure avec Jean, et la porte intérieure avec Nicodème et Joseph d'Arimathie.

Cette femme se leva donc, et, marchant à lui, l'arrêta par son manteau, qu'il essayait en vain de ramener sur ses yeux.

— Oh! dit-elle en écartant les plis du manteau, et en mettant à nu le visage de l'apôtre, toi aussi, tu es un des disciples du Galiléen!

A ces mots, tous ceux qui étaient près du feu, ou se levèrent, ou se retournèrent, les uns insultant, les autres menaçant, chacun portant la main à l'arme dont il était muni; ceux-ci levant leurs bâtons, ceux-là ouvrant leurs couteaux, ceux-là, enfin, tirant leurs sabres.

Alors, Pierre se troubla, et, essayant de sourire :

— Tu te trompes, femme, répondit-il ; je ne connais pas celui dont tu parles, et ne sais ce que tu veux dire.

Et, tirant son manteau des mains de cette femme, il s'élança hors du vestibule.

Juste au moment où il franchissait le seuil et entrait dans la cour, un coq perché sur le mur se mit à chanter.— Il était une heure du matin.

Mais Pierre avait à peine posé le pied dans la cour qu'une autre servante de Caïphe le reconnut, et, en le reconnaissant, s'écria :

— Bon ! en voilà encore un qui était de la suite du Nazaréen !

La cour était pleine de gens de toutes conditions attendant le Christ : à cette accusation de la servante, la plupart de ceux qui étaient là se retournèrent, et Pierre, comme dans le vestibule, se trouva enveloppé d'un cercle de regards et de gestes menaçants.

Plus effrayé encore que la première fois :

— Non, dit-il, non ! je déclare hautement que je ne suis pas des disciples de Jésus, et que je ne connais pas cet homme !

Le coq chanta une seconde fois. — Pierre se perdit dans les profondeurs de la cour ; arrivé dans l'angle le plus obscur de cette cour, il trouva un billot sur lequel il s'assit.

Là, il s'enveloppa de son manteau, et pleura amèrement.

Mais, comme, malgré l'obscurité ; comme, malgré la profondeur de l'espèce de hangar où il s'était retiré, il avait été poursuivi, soit par des gens qui lui faisaient un crime d'être de la suite de Jésus, soit par d'autres qui, se rattachant secrètement au dogme nouveau, venaient après de lui, non pas pour lui apporter la menace ou l'insulte, mais pour chercher la force et la consolation, Pierre se leva, et, par la même porte où il avait passé avec Joseph d'Arimathie et Nicodème, il rentra dans la salle du tribunal.

Jésus, livré à la multitude, était en proie à toutes sortes d'outrages : on l'avait dépouillé de son manteau et de sa robe ; on l'avait couvert d'une vieille tapisserie ; on lui avait lié de nouveau les mains, et l'homme qui avait achevé de tresser sa couronne de nabka la lui avait enfoncée sur la tête; de sorte que chaque épine avait fait sa déchirure, et que, de chaque déchirure, sortaient des gouttelettes de sang qui descendaient le long de ses joues et inondaient sa barbe!

Pierre recula épouvanté, et voulut retourner en arrière; mais, à cette marque d'émotion qu'il n'avait pu réprimer, ceux qui se trouvaient autour de lui, reconnaissant un disciple de Jésus, l'arrêtèrent par le bras et par le manteau, criant :

— Ah! tu es de ses partisans, toi! tu es Galiléen! Ne t'appelais-tu pas Simon d'abord?... Voyons, réponds... réponds donc!

Et Pierre niait,

Alors, un des assistants s'écria :

— Il a beau nier, n'entendez-vous donc pas, à son accent, qu'il est Galiléen ?

— Non ! s'écria Pierre ; non, je vous jure.

En ce moment, un homme fendit la foule, et, le regardant en face :

— Par les prophètes ! cet homme est bien ce que vous dites ! Je suis le frère de Malchus, et je le reconnais pour celui-là même qui l'a frappé à la tête...

Alors, Pierre, insensé de terreur, fit des protestations et des serments, jurant que non-seulement il n'était pas celui que l'on disait, mais encore qu'il n'était point des disciples de Jésus, et ne le connaissait même pas, étant venu d'un pays éloigné pour faire la pâque à Jérusalem.

A peine avait-il achevé cette protestation, que le coq chanta une troisième fois.

Juste en cet instant, Jésus passait devant lui. Le divin condamné le regarda avec un œil si plein de douleur et de compassion, que Pierre, se rappelant ce que le Christ lui avait dit, — qu'avant que le coq eût fait entendre son troisième chant, il l'aurait renié trois fois, —jeta un cri de douleur, et, s'arrachant violemment à ceux qui le tenaient, il s'élança dans le vestibule, et, du vestibule, gagna la porte de la rue.

Mais, sur la porte de la rue, il se trouva en face de la Vierge Marie.

Au cri qu'elle avait poussé lorsque son

fils avait été condamné, plusieurs personnes, et particulièrement le disciple bien-aimé de Jésus, étaient accourues vers elle; alors, avec l'aide des saintes femmes, Marie, évanouie pour la seconde fois, avait été transportée dans une espèce d'atelier de charron, où l'on travaillait malgré l'heure avancée de la nuit.

On y avait couché la Vierge sur des charpentes nouvellement équarries, et on lui avait porté des secours, tandis que les ouvriers attachés à cet atelier continuaient leur besogne.

Peu à peu la Vierge avait rouvert les yeux.

Alors, à la lueur des lampes et des chandelles qui brûlaient sous l'immense hangar, à travers les derniers brouillards de l'évanouissement, elle avait vu s'agiter, pareils à des démons occupés à quelque tâche infernale, ces hommes qui paraissaient travailler avec toute l'ardeur de la haine. Sans qu'elle sût pourquoi, son âme s'était émue à ce travail : il lui semblait que chaque clou que l'on enfonçait dans le bois lui entrait dans le cœur; en outre, elle croyait deviner que l'œuvre qui s'accomplissait était une œuvre funèbre.

En effet deux croix étaient appuyées contre la muraille, et tous ces hommes travaillaient à une troisième croix de deux coudées plus haute que les autres.

Quelque désir qu'eût la Vierge d'interroger les ouvriers nocturnes, sa langue ne trouva point de parole. Tout ce que put faire la malheureuse mère fut de se soulever raide comme une morte, et, les yeux fixes, la bouche ouverte et tremblotante, de montrer du bout de son doigt l'instrument du supplice.

Alors, tous les regards suivirent le sien, et le froid de son cœur passa dans tous les cœurs.

Madeleine se fit un voile de ses cheveux; Marthe cacha sa tête dans ses mains, et Jean hasarda cette question :

— Que faites-vous, mes amis?

Les ouvriers se mirent à rire.

— De quel pays es-tu donc, demandèrent-ils à Jean, que tu ne saches pas ce que c'est qu'une croix?

— Je sais ce que c'est qu'une croix, dit Jean; mais en voici deux dressées contre la muraille, et une couchée à terre...

—Eh, bien, les deux qui sont dressées contre la muraille sont pour les deux voleurs Dimas et Gestas, et celle qui est couchée à terre est pour le faux prophète Jésus.

La Vierge jeta un cri, et, comme si ces paroles lui eussent, à force de terreur, rendu au moins le courage de fuir, elle se leva en disant :

— Hors d'ici! hors d'ici!... Venez, venez!

Le cri et les paroles furent entendus des ouvriers : les uns, alors, prirent une chandelle, les autres, une lampe, et, s'approchant du groupe des saintes femmes, au milieu desquelles Jean était seul d'homme, ils éclairèrent le visage de la Vierge.

A sa pâleur et à ses larmes, plus encore qu'à ses traits bouleversés, ils-la reconnurent.

—Ah! ah! dit l'un d'eux, c'est la femme de notre collègue le charpentier Joseph... Quel malheur qu'il soit mort, le brave homme, il nous eût donné un coup de main!

— Moi, dit un autre, je serais plutôt d'avis qu'on allât chercher le fils, lui qui n'avait qu'à tirer les poutres pour les allonger et leur donner la dimension qu'il voulait; nous lui ferions tirer l'arbre de la croix, qui n'a que quinze pieds, et le croisillon, qui n'en a que huit. Il aurait, au moins, une croix qui lui ferait honneur!

—Oh! murmura la Vierge, vous avez donc juré, mon Dieu! de ne m'épargner aucune douleur?...

Puis, comme si elle eût senti que la force ne lui pouvait venir que de son fils :

— Ah! quelque part qu'il soit, conduisez-moi près de lui! dit-elle.

Et le groupe plein de douleurs, traversant ce cercle de visages railleurs et de bouches insultantes, s'avança vers la rue, et regagna le palais de Caïphe.

La Vierge montait la dernière marche du perron lorsqu'elle rencontra, comme nous l'avons dit, Pierre, qui s'élançait hors du palais, la tête à moitié voilée par son manteau, les bras étendus, et criant amèrement :

—Oh! je l'ai renié! je l'ai renié trois fois, indigne apôtre que je suis!

Marie l'arrêta.

— Pierre, Pierre, dit-elle, que devient mon fils ?

— O mère pleine d'amertume, ne me parlez pas, dit Pierre, car je ne suis pas digne de répondre à la demande que vous me faites !

— Mais mon fils ? mon fils ? s'écria Marie avec un accent si douloureux, que chacune de ses paroles entra comme un poignard dans le cœur de Pierre.

— Hélas ! votre fils, notre divin maître, il souffre indiciblement, et, au moment de sa plus cruelle souffrance, je l'ai renié trois fois !

Et, sans vouloir écouter autre chose, ni répondre davantage, il s'élança dans la rue en s'écriant, comme pour racheter sa faute :

—Oui, je suis Galiléen! oui, je connais Jésus! oui, je suis de ses disciples!...

Soutenue par Jean et suivie des saintes femmes, la Vierge pénétra dans la grande cour. Alors, on laissait chacun circuler librement, afin que tout le monde pût voir Jésus, et l'insulter à l'aise; il avait été conduit, en attendant le jour, dans un petit cachot voûté éclairé par une fenêtre à barreaux de fer croisés, et ouverte sur la cour au niveau du sol. A la lueur d'une torche de bois de sapin enfoncée dans les interstices des pierres, et qui brûlait en répandant une épaisse fumée et une odeur résineuse, on pouvait voir le Christ, gardé par deux soldats, attaché à une colonne, et forcé de se tenir debout sur ses pieds enflés et meurtris.

Marie se traîna jusqu'aux barreaux de la fenêtre, et, les saisissant à pleines mains :

— Mon fils, dit-elle en tombant à genoux, mon fils, c'est moi! c'est ta mère!

Jésus leva la tête, et, regardant tristement Marie :

— Je vous ai suivie des yeux, ma mère; je sais tout ce que vous avez souffert quand vous vous êtes évanouie dans le faubourg d'Ophel; quand vous avez entendu Caïphe prononcer mon arrêt; enfin, quand, tout à l'heure, vous avez vu les ouvriers qui préparaient ma croix... O ma mère! soyez bénie entre toutes les femmes pour les souffrances que vous avez éprouvées!

Marie, appuyant alors son visage

contre les barreaux, s'abîma dans une contemplation maternelle à la fois pleine de douleur et de joie.

Sur ces entrefaites, le premier rayon de ce jour qui devait être le dernier jour de Jésus parut au ciel, et pénétra dans sa prison.

Jésus leva les yeux, et sourit : ce rayon était pour lui une échelle de Jacob toute chargée d'anges qui montaient au ciel, et en descendaient.

Près de lui, les deux soldats de garde s'étaient endormis, et avaient un instant fait trêve aux injures et aux mauvais traitements.

Quand ils se réveillèrent au bruit qui se faisait dans la maison de Caïphe, et qu'ils tournèrent leurs regards vers Jésus, ils le virent tout resplendissant sous ce premier rayon de lumière, rayon d'or et de pourpre, qui jouait autour de son front ensanglanté, et glissait sur ses flancs meurtris.

Le bruit qui avait réveillé les soldats, c'était celui de l'arrivée des anciens et des scribes se réunissant de nouveau dans la salle du tribunal, pour prononcer de jour cette sentence qui n'était pas valable prononcée pendant la nuit.

Au reste, ce jugement n'était que préparatoire : depuis la conquête, les Juifs avaient perdu le droit d'appliquer les sentences capitales; — seulement, quand il s'agissait d'un des leurs, ils proposaient la sentence à la signature du gouverneur romain, qui confirmait ou infirmait.

L'ordre venait donc d'être donné de ramener Jésus devant ses juges.

A cet ordre, chacun s'était précipité vers la prison, et, comme les deux soldats qui avaient vu Jésus tout resplendissant hésitaient à mettre la main sur lui, les nouveaux venus, s'encourageant les uns les autres, le délièrent brutalement, et le traînèrent une seconde fois devant Caïphe.

Alors, le grand prêtre renouvela le jugement porté dans la nuit, et, ordonnant que l'on passât une chaîne au cou de Jésus, comme on faisait aux condamnés à mort, il cria tout haut :

— Chez Pilate !

Aussitôt, ce cri, répété par tous les assistants, rebondit de la salle du tribunal dans le vestibule, et du vestibule au dehors; ceux qui avaient veillé en cercle, près des feux, se levèrent; ceux qui avaient dormi enveloppés de leurs manteaux, sous les portiques ou dans les angles des murailles, secouèrent à la fois, et le reste de leur sommeil, et la poussière dont les avait couverts le vent de la nuit; les portes fermées se rouvrirent, et les rues se trouvèrent encombrées de nouveau.

Au nombre des assistants, il y avait un homme plus pâle et plus agité que les autres, questionnant peuple et soldats, écoutant chaque mot qui se disait dans la foule, tremblant et frissonnant aux réponses qui lui étaient faites, tantôt riant convulsivement, tantôt déchirant sa poitrine.

Cet homme, c'était Judas.

Nous avons entendu le cri de désespoir poussé par lui au moment où la mort avait été réclamée contre Jésus; éperdu, il s'était élancé hors du palais, et, par une des portes de Sion, il était descendu dans la ville inférieure, franchissant comme un simple fossé le gouffre de Mello, vallée profonde qui s'étendait de la porte des Eaux à la porte des Poissons; de là, il était remonté vers la Grande Place, avait passé sous le Xystus, laissé à sa gauche le palais de Pilate, à sa droite la piscine Probatique; puis il était sorti par la porte du Fumier, avait, pour rafraîchir son front brûlant, trempé sa barbe et ses cheveux dans l'eau de la fontaine du Dragon; puis, ramené par une attraction involontaire et irrésistible vers l'endroit où était Jésus, il était rentré dans Jérusalem par la porte des Eaux, s'était arrêté un instant dans le bois de cyprès qui s'élevait au pied de la tour de Siloë, était redescendu vers la forteresse de David; puis, voyant une espèce de grand hangar ouvert, il y était entré, et, brisé de fatigue, haletant, trempé de sueur, malgré l'eau dont il avait imprégné sa barbe et ses cheveux, il s'était couché un moment, appuyant sa tête contre une pièce de bois dont il s'était fait un oreiller.

A peine était-il couché depuis quelques minutes, à peine ses yeux commençaient-ils à se fermer, qu'il fut arraché au sommeil par un bruit de pas et de voix.

Judas se souleva sur son coude : il aperçut plusieurs hommes qui s'avançaient de son côté ; l'un d'eux portait une lanterne à la main. Quand ils ne furent plus qu'à quelques pas, Judas regarda autour de lui pour reconnaître où il se trouvait ; alors, à la lueur de la lanterne, il vit qu'il était dans une espèce d'atelier de charronnage et de charpenterie, et que la pièce de bois sur laquelle il avait appuyé sa tête n'était rien autre chose qu'une croix colossale, évidemment préparée pour une exécution prochaine. Il se leva rapidement, mû par une profonde terreur, car il venait de deviner que cette croix allait servir au supplice de celui-là même qu'il avait vendu !

Sans demander aucune explication, et sans répondre aux interpellations des ouvriers, tout étonnés qu'un homme fût venu justement là chercher le repos, il s'était enfui dans les ténèbres, et avait couru jusqu'à ce que l'encombrement que faisaient les curieux à la porte de Caïphe l'empêchât d'aller plus loin.

Là, comme s'il eût ignoré de quelle chose il s'agissait, il demanda d'où venait l'émotion qui agitait la ville ; mais, au moment même où il s'informait, Caïphe et les membres du grand conseil descendaient les marches du perron, se rendant chez Pilate ; — derrière eux, au milieu des soldats, venait Jésus enchaîné.

Alors, ceux à qui Judas s'était adressé afin d'avoir des renseignements, le prenant pour un étranger, lui répondirent :
— Vous voyez bien, c'est Jésus de Nazareth, que le grand prêtre et le san-

hédrin viennent de condamner à mort!..

On le conduit chez Pilate, pour que le procurateur romain confirme le jugement.

— Mais qu'a-t-il dit? demanda Judas; s'est-il défendu? a-t-il accusé quelqu'un? s'est-il plaint de quelqu'un?

— Il ne s'est plaint de personne, et n'a accusé personne, quoiqu'il ait bien le droit d'accuser et de se plaindre, ayant été vendu par un des siens, par un de ses propres disciples!... Quant à sa défense, il n'a rien dit, sinon qu'il était le Messie, et qu'il siégerait à la droite de Dieu.

— Et il n'a pas blasphémé? insista Judas; il n'a pas maudit?

— Il a demandé grâce à son père pour ses juges, pour ses bourreaux, et même, à ce que l'on assure, pour l'homme qui l'a trahi.

Judas poussa un gémissement profond, et, tout courant, remontant du côté de la forteresse de David, il s'élança par la porte Supérieure descendant comme un insensé la pente rapide du pont de Sion. Il avait, pendus à sa ceinture le sac de cuir et les trente pièces d'argent qu'il renfermait, et le sac battait contre lui, et les pièces d'argent tintaient sinistrement dans le sac; Judas le comprima avec sa main, afin de faire cesser le battement, et d'éteindre le bruit.

Où allait Judas? sans doute il l'ignorait ; ce qu'il essayait de fuir, c'était lui-même. Cependant, se trouvant entre l'Hippodrome et l'escalier qui conduisait sur le mont Moriah, il se rappela qu'il avait vu, dans ses différentes courses, bon nombre de prêtres qui se rendaient au temple, et que, parmi ces prêtres, il avait reconnu quelques membres du grand conseil; il se glissa donc dans l'enceinte réservée aux habitations des desservants du temple, puis, par la porte occidentale, il pénétra jusqu'au parvis où Jésus avait autrefois l'habitude d'enseigner.

Là était un groupe de prêtres, de docteurs, de membres du grand conseil, causant entre eux du jugement qui venait d'être rendu chez Caïphe. Cela acheva de troubler le traître : il s'avança vers les interlocuteurs; mais quelques-uns, le reconnaissant, dirent aux autres à voix basse :

— Eh! justement, voilà l'homme dont nous parlions... le disciple qui l'a trahi, l'apôtre qui l'a vendu!

Et tous, alors, se pressèrent curieusement pour le regarder, ceux qui étaient derrière les autres se haussant sur la pointe des pieds afin de mieux voir.

Judas, exaspéré par ces signes de mépris, s'approcha d'eux, et, arrachant la bourse de cuir de sa ceinture :

— Oui, dit-il, vous ne vous trompez pas, c'est moi qui ai trahi, c'est moi qui ai vendu mon maître... et voici l'argent que j'ai reçu comme prix de ma trahison.

Et il leur tendait la bourse que pas un ne fit un mouvement pour recevoir.

— Reprenez donc cet argent, cria Judas, reprenez-le donc! ne voyez-vous pas qu'il me brûle! Je romps notre pacte... Voulez-vous mon sang par-dessus le marché? Prenez mon sang, et remettez Jésus en liberté...

Mais eux continuaient à reculer devant lui, et, à mesure qu'il s'avançait, leur présentant la bourse, ils faisaient un pas en arrière, retirant leurs mains, comme pour ne pas se souiller en touchant le prix de la trahison.

Enfin, l'un d'eux, répondant au nom de tous :

— Que nous importe, dit-il, que tu aies péché, que tu aies vendu ton maître, que tu aies trahi ton Dieu? nous avions besoin que Jésus nous fût livré pour le condamner à mort; nous te l'avons acheté, tu nous l'as livré, nous l'avons condamné : garde ton argent... bien ou mal gagné, il t'appartient!

Alors, Judas, livide, les cheveux hérissés, la bouche écumante, déchira le sac de cuir entre ses deux mains, et, prenant les trente pièces d'argent à poignée, les lança à travers le temple; puis, les ongles dans les cheveux, descendit les degrés, et sortit par la porte Dorée.

Un instant, il fut sur le point de traverser la vallée, de franchir le Cédron et de se perdre sous l'ombre des oliviers; mais, sans doute, il pensa que, là surtout, il allait se retrouver en face de son crime.

Alors, il longea le mur extérieur en criant comme un insensé :

— Caïn ! Caïn ! qu'as-tu fait de ton frère Abel ?

Puis, d'une voix désespérée :

— Je l'ai tué! je l'ai tué! répondait-il à lui-même.

Puis il s'arrêtait, écoutant si les bruits de la ville arrivaient jusqu'à lui, et il entendait comme des clameurs, comme des menaces, comme des malédictions qui passaient par-dessus les murailles.

— Oh! murmurait Judas, il y a dans la loi : « Celui qui aura vendu une âme parmi ses frères d'Israël, et qui en aura reçu le prix, doit mourir! »

Alors, se frappant la poitrine du poing :

— Finis-en avec toi-même, misérable! s'écriait-il; tiens, voilà sous tes pieds un abîme; tiens, voilà au-dessus de ta tête une branche d'arbre... précipite-toi ou pends-toi!

Et il s'avança jusqu'au bord de l'abîme ; mais il recula épouvanté de sa profondeur.

Ses yeux se tournèrent vers un énorme sycomore dont l'ombre, quand le soleil était à son zénith, pouvait abriter un troupeau avec son pasteur et ses chiens.

Judas porta au-dessous de la plus grosse branche quelques pierres qu'il entassa les unes sur les autres, de manière à s'en faire une espèce d'escabeau ; puis, étant monté sur le tremblant édifice, il jeta son manteau à terre, dénoua sa ceinture, y fit un nœud coulant, l'assura par l'extrémité opposée à la branche qui s'étendait au-dessus de sa tête, comme le bras de la mort, passa son cou dans le nœud coulant, et, repoussant du pied l'amas de pierres, qui s'écroula sous le choc, il demeura suspendu et se balançant entre la branche et la terre.

Sans doute, il y eut en lui, rapide comme l'éclair, sombre comme l'abîme, un mouvement de terreur ou de regret : ses deux mains se portèrent vivement au-dessus de sa tête, saisirent la ceinture raidie par son poids, s'y cramponnèrent convulsivement, et essayèrent d'atteindre la branche; mais la branche était trop haute : pendant quelques secondes, les mains de Judas battirent vainement l'air; puis ses bras se crispèrent, son visage bleuit, ses yeux jaillirent sanglants hors de leurs orbites, sa bouche se tordit en faisant entendre un râle étranglé.

C'était le dernier soupir du déicide!

L'argent que Judas avait jeté à la face des prêtres, et qui avait roulé sur les dalles du temple, fut ramassé par ceux-ci ; de cet argent, ils achetèrent un champ où le corps de Judas fut enterré, et qui reçut le nom de *Hak ed Dam,* — c'est-à-dire *prix du sang,* — nom qu'il porte encore aujourd'hui.

Quant au sycomore, qui était situé au sud-ouest de Jérusalem, entre la porte des Poissons et la porte du Grand Prêtre, à quelques pas de la fontaine de Gihon, il resta debout jusqu'au XVe siècle, et, pendant ces quinze siècles où vingt générations se succédèrent, aucun vieillard ne se souvint d'avoir vu un homme assis dessous, ou d'avoir entendu dire, enfant, à un autre vieillard qu'un homme s'y fût assis.

CHAPITRE XIV.

LE PORTE-ENSEIGNE.

Pendant que s'accomplissait ce drame solitaire, on conduisait Jésus chez le procurateur romain.

Pour arriver au prétoire, il fallait, en partant de chez Caïphe, traverser la partie la plus fréquentée de Jérusalem, c'est-à-dire entrer dans la ville inférieure par la porte de Sion, voisine de la tour de David; couper à angle droit la place du Marché, remonter vers le mont Moriah en laissant le palais des Macchabées à gauche, et l'Hippodrome à droite; longer le temple depuis la porte Occidentale jusqu'au palais des Archives; enfin, traverser diagonalement la Grande Place, et franchir les dix-huit marches de marbre qui formaient l'escalier du prétoire.

Le cortége, déjà nombreux en sortant du palais de Caïphe, était innombrable en arrivant chez le procurateur, composé qu'il était, non-seulement des habitants de la ville, mais encore de tous les étrangers, pour lesquels c'était un spectacle aussi nouveau que curieux, de voir un homme coupable de tels crimes, que ses accusateurs n'avaient pas même la patience d'attendre la fin du jour de la Pâque, — jour consacré, s'il en fut, — pour le condamner et le punir.

Caïphe, Anne et plusieurs membres du grand conseil, revêtus de leurs habits sacerdotaux, marchaient en tête, et allaient eux-mêmes demander à Pilate la mort de Jésus.

Claudia, inquiète, et depuis le point du jour assise sur la terrasse du palais, les vit venir, et envoya aussitôt un de ses serviteurs rappeler à Pilate la promesse que celui-ci lui avait faite quelques heures auparavant.

Jésus n'était couvert que de sa robe de dessous, et de l'espèce de tapisserie qu'on lui avait jetée sur les épaules pour remplacer dérisoirement son manteau; la chaîne qu'on lui avait passée autour du cou se terminait par deux gros anneaux qui lui meurtrissaient alternativement les deux genoux ; les soldats, comme la veille, le tiraient avec des cordes, et le divin martyr s'avançait au milieu des cris, du tumulte, des huées, des menaces et des outrages, pâle, défait, meurtri, ensanglanté.

Puis, pour parodier les palmes étendues sur son chemin lors de son entrée triomphale à Jérusalem, on jetait sous ses pieds des cailloux brisés, des branches d'arbres épineux, des fragments de grès et de verre.

Ainsi, disons-nous, s'avançait Jésus, se traînant plutôt qu'il ne marchait, perdu dans ce nuage d'injures et de malédictions, aimant et priant seul dans cette tempête d'enfer!

Lorsque la Vierge avait su que son

fils allait être conduit chez Pilate, elle avait pris les devants, soutenue par Jean, et escortée des saintes femmes, pour le voir à son passage. Elle attendait donc à l'angle d'une rue, et, de loin, bien longtemps avant que Jésus parût, elle entendit cette tempête humaine qui mugissait en approchant ; enfin, elle aperçut ces hommes aux figures sinistres qui sont l'avant-garde de toutes les exécutions, et qui, de temps en temps, se retournent pour voir si la douleur qu'ils annoncent par leurs cris de joie, par leurs rires hideux, et par leurs gestes railleurs, n'est pas demeurée en route, et a toujours la force de les suivre ; puis venaient, comme nous l'avons dit, les prêtres, les membres du conseil, les pharisiens et les docteurs ;

— puis, au milieu des soldats, Jésus !

Quand Marie vit son fils ainsi misérable, ainsi délaissé, sans un ami pour le soutenir, meurtri, défiguré, presque méconnaissable aux yeux mêmes de sa mère, elle tomba sur ses deux genoux, les bras tendus vers lui, criant :

— Est-ce là mon fils ? est-ce là mon enfant bien-aimé ?... Jésus ! mon cher Jésus !

Jésus tourna doucement la tête, et murmura ces paroles, qu'il lui avait déjà dites chez Caïphe :

— Salut, ma mère ! soyez bénie à cause de toutes vos souffrances !

Et il passa, tandis que, tombant évanouie une troisième fois, la sainte mère était reçue entre les bras de Jean et de Madeleine.

On arriva devant le palais de Pilate, dont toutes les portes étaient ouvertes afin de laisser l'entrée libre aux accusateurs et à l'accusé.

Mais l'immense cortége resta sur la place publique, appelant le procurateur à grands cris.

Celui-ci parut sous la voûte de la première porte, entouré de soldats romains; on voyait derrière lui les porte-enseigne, le front et les épaules couvertes par des peaux de lion aux yeux d'émail, aux dents et aux griffes dorées.

Ils tenaient entre leurs bras les étendards portant ces quatre lettres : S. P. Q. R. surmontées par l'aigle. — Depuis Marius, l'aigle avait remplacé la louve.

Pilate fit signe qu'il voulait parler, et le tumulte cessa à l'instant même.

— Pourquoi n'entrez-vous pas? demanda-t-il, et pourquoi ne m'amenez-vous pas l'accusé?

— Parce que nous ne voulons pas nous souiller, répondirent les Juifs, en entrant, le jour de la Pâque, dans le palais d'un homme d'une autre religion que nous.

— Scrupule étrange, dit Pilate, et que vous n'avez pas eu quand, cette nuit, contre le texte de la loi, vous avez siégé en conseil, et porté une accusation capitale... N'importe! puisque vous ne voulez pas venir à moi, j'irai à vous.

Pilate, alors, fit apporter sur l'espèce de galerie régnant autour du prétoire un fauteuil ressemblant à un trône, et, s'étant assis, il ordonna aux soldats de former le long des degrés une double haie entre laquelle l'accusé pût monter l'escalier, et venir jusqu'à lui.

Au bas de l'escalier étaient deux porte-enseigne.

Alors, s'adressant aux Juifs :

— Quel crime cet homme a-t-il commis? demanda le procurateur.

Mille voix répondirent à la fois et d'une façon si confuse, que Pilate ne put rien comprendre.

Il éleva la main pour commander le silence, et le silence se fit.

— Qu'un seul parle, dit-il, et formule nettement l'accusation.

Caïphe s'approcha.

— Nous connaissons tous cet homme, dit-il, pour être le fils de Joseph le charpentier, et de Marie, fille d'Anne et de Joachim, et, cependant, il prétend être roi, Messie et fils de Dieu ! Mais ce n'est pas tout : il viole le sabbat, et veut détruire la loi de nos pères; ce qui est un crime digne de mort !

— Oui, pour vous autres Juifs, observa Pilate, mais non pas pour nous autres Romains... Dites-moi donc quelles sont les mauvaises actions qu'il a commises, afin que je le juge sur ces actions.

— Si ce n'était point un malfaiteur, dit Caïphe, nous ne te l'aurions pas déféré.

— Encore une fois, dit Pilate, c'est contre votre loi qu'il a péché, et non contre la nôtre ; par conséquent, c'est à vous de le juger.

— Tu sais bien que c'est chose impossible, dit Caïphe avec impatience, puisqu'il a, selon nous, mérité la mort, et que la peine de mort est réservée, comme un droit de conquête, à l'autorité romaine.

— Alors, accusez-le donc de crimes qui méritent la mort... J'écoute.

Caïphe reprit :

— Nous avons pour loi de ne guérir personne le jour du sabbat, et celui-ci a malicieusement guéri, le jour du sabbat, des impotents, des boiteux, des sourds, des paralytiques, des aveugles, des lépreux et des démoniaques!

— Comment peut-on guérir *malicieusement*, Caïphe? demanda Pilate; guérir me semble une action toute charitable dans laquelle ne peut entrer de malice.

— Si fait, répondit Caïphe, car il guérit au nom de Belzébuth... C'est un magicien, et l'auguste empereur Tibère recommande de sévir contre les magiciens.

Pilate secoua la tête.

— Ce n'est pas un effet de l'esprit immonde, dit-il ; mais c'est, au contraire, un effet de la toute-puissance de Dieu, que de chasser les démons du corps de l'homme.

— N'importe! dit Caïphe insistant, nous prions ta grandeur d'ordonner que Jésus comparaisse devant toi, afin que tu l'interroges et qu'il te réponde.

— Soit! dit Pilate.

Et, s'adressant à ce même serviteur qui était venu, de la part de Claudia, lui rappeler la promesse qu'il avait faite :

— Que Jésus soit amené ici, dit-il, et traité avec douceur.

Le messager descendit les degrés, vint à Jésus, et, s'inclinant devant lui :

— Seigneur, dit-il, le procurateur romain Ponce Pilate, siégeant au nom de Tibère, empereur auguste, t'invite à comparaître devant lui.

A ces paroles, de grands murmures s'élevèrent dans la foule, car le messager venait de parler à Jésus comme un serviteur eût parlé à son maître, et non comme un héraut à un accusé.

Mais le messager ne s'inquiéta point de ces cris, et marcha devant Jésus; puis, arrivé à un endroit où des débris de cailloux eussent pu blesser les pieds du divin accusé, il étendit son manteau à terre, et invita Jésus à passer dessus.

Les murmures redoublèrent.

Jésus passa sur le manteau avec un doux sourire, et continua son chemin vers l'escalier.

Alors, les Juifs crièrent à Pilate :

— Pourquoi as-tu envoyé un messager à cet homme, au lieu de le faire sommer par un héraut de venir à toi? Pourquoi ce messager l'a-t-il appelé *Seigneur?*... Enfin, pourquoi a-t-il étendu un manteau sous ses pieds?...

Pilate fit signe à Jésus de s'arrêter, afin de lui laisser le temps d'interroger le messager sur la cause qui l'avait fait agir.

Jésus demeura debout et immobile au milieu de l'espace ménagé par la haie des soldats, et à quelques pas seulement du perron.

Le messager monta l'escalier et s'approcha de Pilate.

— Pourquoi, lui demanda le procurateur romain, as-tu appelé cet homme *Seigneur*, et pourquoi lui as-tu étendu ton manteau sous les pieds?

Le messager répondit :

— Dimanche dernier, j'ai assisté à l'entrée de cet homme dans la ville; il était assis sur un âne, et les enfants des Hébreux, tenant dans leurs mains des palmes qu'ils agitaient et levaient en l'air, criaient : « Salut au fils de David! » tandis que les pères étendaient leurs manteaux sur son chemin en criant : « Salut à celui qui est dans les cieux! salut à celui qui vient au nom du Seigneur!

Les Juifs qui étaient les plus rapprochés du prétoire entendirent cette réponse, et crièrent au messager :

— Comment se fait-il que, toi qui es Grec, tu aies compris des paroles dites en hébreu?

Le messager se tourna vers ceux qui l'interrogeaient :

— C'est tout simple, dit-il, je me suis approché de l'un des Juifs lui demandant : « Que cries-tu donc, et que crient tous ces hommes? » et lui me l'a expliqué.

— Et quelle était l'exclamation qu'ils poussaient en hébreu? demanda Pilate.

— *Hosannah*, Seigneur, répondirent les Juifs.

— Et que signifie cette exclamation? continua le procurateur.

— Elle signifie : *Salut, Seigneur*.

— Alors, dit Pilate, puisque vous-mêmes criiez sur le passage de cet homme : « Salut, Seigneur! » et jetiez vos manteaux au-devant de lui, en quoi mon messager est-il coupable de l'avoir appelé *Seigneur*, et d'avoir étendu un manteau sous ses pieds?

Puis, au messager :

— Retourne dire à Jésus de venir, ajouta-t-il.

Le messager descendit, et, s'inclinant de nouveau devant le Christ :

Seigneur, lui dit-il, tu peux continuer ton chemin.

Jésus s'avança, et, comme il passait entre les deux porte-enseignes, les enseignes s'inclinèrent d'elles-mêmes, et parurent adorer Jésus.

A cette vue, les Juifs s'écrièrent :

— Mais regardez donc ce que font les porte-drapeaux! voilà qu'ils adorent cet homme!

Pilate, comme les autres, avait vu les enseignes s'incliner, et n'avait rien compris à ce mouvement.

Alors, interpellant les porte-drapeaux :

— Pourquoi, dit-il, avez-vous fait ce que vous venez de faire?

Mais eux :

— Seigneur, dirent-ils à Pilate, nous sommes païens et serviteurs des temples; comment donc pouvez-vous supposer que nous adorions cet homme?

— Cependant?... fit Pilate.

— Ce n'est pas nous qui avons abaissé nos enseignes; ce sont nos enseignes qui se sont abaissées d'elles-mêmes, et qui ont salué cet homme malgré nous:

— Vous entendez? dit Pilate s'adressant aux Juifs.

— C'est un mensonge! répondirent ceux-ci, et les porte-enseignes sont partisans de ce faux prophète!

— Je ne crois pas, dit Pilate; mais faites mieux : choisissez les plus forts d'entre vous, et les plus ennemis de Jésus; qu'ils prennent les enseignes des mains de mes soldats, et nous verrons s'ils les tiennent d'une façon plus ferme.

Les Juifs choisirent deux hommes taillés en hercules, et les présentèrent à Pilate;

— C'est bien, dit le procurateur; que les porte-enseignes cèdent à ces deux hommes leurs places et leurs insignes.

Les deux robustes Israélites prirent

les enseignes des mains des soldats, se placèrent sur la première marche de l'escalier, s'appuyèrent à la rampe, et attendirent en rassemblant toutes leurs forces.

Alors, Pilate, s'adressant au messager :

— Reconduis Jésus sur la place, dit-il ; qu'il monte une seconde fois l'escalier comme il vient de le faire une première, et que nous voyions si les nouveaux porte-enseignes ont la main plus solide que les anciens.

Jésus sortit du prétoire avec le messager, mais par une autre porte, afin qu'il n'eût point à repasser sous les enseignes en redescendant l'escalier.

— Pendant ce temps, Pilate dit aux deux porte-enseignes :

— Maintenant, je vous jure par César que, si vos étendards s'inclinent quand Jésus passera, je vous fais couper la tête!

Puis, au messager, qui reparaissait sur la place conduisant le Christ :

— Que Jésus monte l'escalier une seconde fois ! commanda-t-il.

— Seigneur Jésus, dit le messager, étendant de nouveau son manteau sous les pieds du Christ, le procurateur Ponce Pilate t'ordonne de venir à lui.

Les Juifs murmurèrent encore de cet hommage rendu à l'accusé ; mais, bien plus préoccupés des porte-enseignes que du reste, ils tournèrent aussitôt leurs regards vers l'escalier.

Jésus s'avança lentement et gravement, et, à mesure qu'il approchait, les étendards s'inclinaient devant lui malgré les efforts de ceux qui les portaient, et si bas, que les aigles touchèrent la terre, et que le divin martyr, s'il eût voulu, eût pu mettre le pied dessus en passant.

Pilate se leva, effrayé lui-même de ce prodige ; — les efforts des deux Juifs, pour empêcher les enseignes de s'incliner, avaient été visibles ; le Christ, au contraire, n'avait pas prononcé une parole, n'avait pas fait un signe !

— Eh bien ! crièrent les Juifs, ne t'avions-nous pas dit que c'était un magicien ?

Pilate était ébranlé : il préférait croire à un pouvoir diabolique plutôt qu'à un pouvoir divin ; et, cependant, tout ce que lui avait dit Claudia vint se présenter de nouveau à sa pensée.

Alors, s'approchant de la balustrade, et s'adressant aux Juifs :

— Vous savez, dit-il, tous, tant que vous êtes ici, que ma femme Claudia Procula est païenne et parente de l'auguste empereur ; vous savez qu'elle a construit pour vous de nombreuses synagogues ; eh bien, elle est venue me trouver cette nuit, et m'a dit : « Ne fais rien contre Jésus, car un songe m'a révélé que cet homme était un juste. »

Mais les Juifs répondirent :

— S'il a envoyé un songe à ta femme, il l'a envoyé par le même pouvoir qui vient de forcer les enseignes à s'incliner devant lui... C'est un magicien, et Tibère Auguste porte la peine de mort contre les magiciens!

Tout à coup, il se fit un grand bruit

au milieu des Juifs. — Un homme qui venait d'accourir par la rue qui conduisait à la porte Judiciaire, parlait haut, et gesticulait vivement.

— Pilate! Pilate! crièrent les Juifs.

— Eh bien, dit celui-ci, que voulez-vous encore?

— Nous demandons que l'épreuve de l'enseigne soit renouvelée une troisième fois.

— Et qui sera assez hardi pour renouveler cette épreuve? reprit le préfet romain.

— Moi! dit une voix forte et retentissante.

En même temps, au milieu de l'espace laissé libre entre le peuple et les soldats, un homme s'avança, qui paraissait âgé de quarante à quarante-cinq ans.

C'était évidemment un homme de condition inférieure, quoique les traits de son visage, d'une parfaite régularité, fussent réellement beaux ; ses yeux noirs lançaient les flammes de la colère ; ses dents, blanches comme celles d'un animal carnassier, débordaient ses lèvres minces et pâles ; ses longs cheveux flottaient comme une crinière, et, par un mouvement de tête habituel qui les rejetait en arrière, balayaient à chaque instant ses épaules.

Le reste du corps était bien proportionné, et conservait, sous sa tunique, garantie par un grand tablier de cuir relevé sur le côté, une certaine allure militaire.

Arrivé en face de Pilate, il croisa les bras, et regarda le procurateur d'un air de défi.

— Oui, moi! répéta-t-il.

— Et qui es-tu, toi? demanda le procurateur.

— Je suis Isaac Laquedem, fils de Nathan, de la tribu de Zabulon, répondit le Juif; je ne crains ni magicien ni enchanteur : j'ai servi, au temps de l'empereur Auguste, dans la légion orientale, recrutée en Syrie par Quintilius Varus; j'étais avec lui dans le pays des Bructères, lorsque les Germains, conduits par Arminius, nous attaquèrent, après nous avoir attirés dans une embuscade, et nous taillèrent en pièces... Je portais l'aigle, dans cette fatale journée, et, si elle tomba, c'est que je tombai avec elle, la poitrine percée d'un coup d'épée dont voici la cicatrice... Or, n'ayant pas incliné l'étendard que je portais devant le terrible chef des Germains, je ne l'inclinerai pas devant ce faux prophète ! Donne-moi donc un étendard, et que, pour la troisième fois, l'épreuve se renouvelle !

— Soit ! dit Pilate. — Soldat, donne ton enseigne à cet homme.

Le soldat obéit, et, pour que le Christ ne descendît pas une seconde fois, ce fut le Juif qui, prenant l'étendard des mains du porte-enseigne, franchit les dix premières marches de l'escalier, au bas duquel Jésus s'était arrêté, et, se plaçant au milieu du palier, il attendit qu'en continuant de monter, Jésus vînt à lui.

Jésus avait déjà un pied sur la première marche lorsque s'était élevé le débat; il avait attendu, humble, résigné presque passif, que la question fût vidée.

Alors seulement, il leva les yeux vers l'ancien légionnaire.

— Viens, magicien, lui dit celui-ci, je t'attends!...

Jésus mit le pied sur la seconde marche, puis sur la troisième, puis sur la quatrième, et, à mesure qu'il montait un degré, on voyait le vétéran de Varus serrer contre sa poitrine, de toute la vigueur de ses bras nerveux, le bâton de l'étendard; — mais, quels que fussent ses efforts, courbée sous la pression d'une main invisible et puissante, l'aigle s'inclinait par un mouvement contraire à celui de Jésus, s'abaissant à mesure que Jésus montait; de sorte que, lorsque le Christ eut atteint la dixième marche, l'aigle était à ses pieds, et le légionnaire, le front touchant presque à la dalle, semblait l'adorer à genoux.

Un instant au milieu du plus profond silence, le Christ demeura debout, dominant de toute la hauteur de sa taille ce superbe que la main du Seigneur venait de plier comme un roseau

Mais tout à coup, celui-ci se releva plein de haine et de menace.

— Oh! magicien! faux prophète! blasphémateur! sois maudit! s'écria-t-il.

Et, au milieu des huées, il descendit les degrés, courbé et chancelant, comme un autre Héliodore, sous le fouet de l'ange!

Quant à l'étendard, il avait été forcé de le laisser aux pieds de Jésus!

FIN DU TROISIÈME VOLUME.

Paris. — Typ. de Mᵐᵉ Vᵉ Dondey-Dupré, rue Saint-Louis, 46.

www.ingramcontent.com/pod-product-compliance
Lightning Source LLC
Chambersburg PA
CBHW071600170426
43196CB00033B/1506